Où va notre argent ?

Agnès Verdier-Molinié

Où va notre argent ?

Des dépenses qui explosent, des services publics qui se dégradent : le scandale français

Éditions de L'Observatoire

ISBN : 979-10-329-2605-5
Dépôt légal : 2023, avril
3e tirage : 2023, juin

170 *bis*, boulevard du Montparnasse, 75014 Paris

Sommaire

Partie II
Le scandale des milliards de dépenses et des services publics à l'agonie

Avant-propos

La France est devenue un village Potemkine. La devanture est encore correcte, mais tout se démantèle à l'intérieur. Et ce n'est pas un problème de moyens. Nous sommes le pays de la zone euro le plus dépensier, le plus taxé, mais tous les services publics s'effondrent les uns après les autres.

Derrière les tunnels médiatiques qui se succèdent – Covid, guerre, sécheresse, pénuries... –, on planque la déroute.

Il ne faut pas dire ce qui fâche. Il ne faut pas expliquer aux Français que leur pays est mal géré et que leur argent est mal utilisé ! Tous les jours, on leur ment et on leur cache des données essentielles sur la qualité des services publics, sur leur inefficacité par rapport à leurs coûts. Le mandat qui vient de s'achever devait être celui de la plus forte baisse d'impôts depuis le début de la Ve République. Las, il est celui où l'on aura vu le pic de la fiscalité française. 2022 a en effet été l'année où les Français et leurs entreprises ont payé le plus d'impôts, depuis les années 1990, avec 45,2 % de taux de prélèvements obligatoires. Triste record.

L'overdose fiscale, voilà ce qui coule une France aux mille talents. Nous venons de passer septième puissance mondiale, derrière l'Inde. Et nous avons une richesse par habitant, selon Eurostat, inférieure à la moyenne de l'Union européenne.

Cela fait trois quinquennats que 75 % de la richesse créée en plus par nos entreprises s'envolent en taxes, impôts et diverses cotisations. À ce niveau, on peut clairement parler de confiscation.

Entre 2002 et 2022, nos impôts auront augmenté de 525 milliards d'euros, passant de 670 à plus de 1 195 milliards – soit + 80 % en vingt ans, deux fois plus vite que l'inflation ! Quant à nos dépenses publiques, elles sont passées de 809 milliards à environ 1 500 milliards.

Malgré des dépenses qui ne cessent d'augmenter, l'hôpital n'est plus que l'ombre de lui-même, l'école de la République s'enfonce un peu plus chaque année, les transports publics dysfonctionnent en permanence… Incapable d'assumer toutes ses responsabilités, l'État délaisse de plus en plus ses missions régaliennes : la justice et la police sont débordées, les prisons saturées, accueillant les détenus dans des conditions indignes du pays des droits de l'homme… Rien ne semble plus fonctionner malgré les milliards d'euros injectés.

Le gouvernement nous annonce la fin de l'abondance après avoir dépensé sans compter l'argent des impôts des Français ? Après avoir endetté le pays comme jamais ? Il devrait plutôt annoncer la fin des gaspillages et des fuites à tous les étages qui font de la France le pays le plus mal géré d'Europe.

La France est traditionnellement connue pour le haut niveau de consentement à l'impôt de ses citoyens et leurs représentants. Naturellement, impôts et dépenses publiques sont nécessaires pour financer nos services et nos assurances publics. Mais pas sans limite. Pas au point d'accepter une quasi-confiscation des revenus, et une mise en péril de la création de richesses et de la démocratie.

Sortons vite de ce piège pour notre démocratie et notre liberté. Stoppons l'incitation au gaspillage public, à la corruption et à l'économie souterraine. Il est urgent de quitter la première place du podium fiscal de la zone euro.

Pour stopper cette insupportable dérive, il faut savoir d'abord de quoi souffre notre pays. Les fuites de dépenses sont sous nos yeux. Les scandales sont partout.

La déclaration des droits de l'Homme et du citoyen de 1789 est très claire à l'article 15 : « La Société a le droit de demander compte à tout Agent public de son administration. »

Pourtant, chaque fois que quelqu'un ose soulever le voile pudique qui couvre notre incurie de gestion publique, il ou elle se fait traiter de tous les noms : décliniste, vendeur d'apocalypse, déclinologue, collapsologue, etc.

Mais où va notre argent ? Où est passée la France ? Où est le syndicat des citoyens ? Ce livre revendique le droit de poser des questions sur l'utilisation de l'argent public... qui est en fait le nôtre. Et de proposer des solutions.

Car la situation de la France n'est pas inéluctable. De nombreux pays ne surtaxent pas leurs entreprises et leurs ménages, et contrôlent leurs dépenses et la qualité de leurs services publics. Et en informent leurs citoyens. Ne nous résignons pas, cela peut fonctionner aussi en France !

Partie I

1 195 milliards.
Des impôts, taxes et cotisations, partout et sur tout

Art. 13. Pour l'entretien de la force publique, et pour les dépenses d'administration, une contribution commune est indispensable ; elle doit être également répartie entre les citoyens, en raison de leurs facultés.

Déclaration des droits de l'homme et du citoyen du 26 août 1789

Note : Comment sont obtenus 1 000 euros de prélèvements obligatoires ?

***Pour 1 000 euros de prélèvements obligatoires, les différents impôts et cotisations sont les suivants*[1] :**

331 euros de cotisations sociales effectives ;
163,5 euros de TVA ;
114,5 euros de CSG ;
70,6 euros d'impôt sur le revenu ;
40,5 euros d'impôt sur les sociétés ;
31,4 euros de taxe foncière ;
26,8 euros de TICPE (taxe sur les carburants) ;
13,5 euros de taxes sur les tabacs (accises) ;
18 euros de droits d'enregistrement ;
16,4 euros de droits de mutation à titre gratuit (successions – donations) ;
13,6 euros de taxe sur les salaires (personnes morales) ;
10 euros d'autres prélèvements sociaux ;
9,7 euros de taxe sur les conventions d'assurances ;
8,7 euros de versement transport ;

1. En ne prenant en compte que les taxes et cotisations représentant plus de 1 euro pour 1000 euros de prélèvements obligatoires.

8 euros de contribution au développement de l'apprentissage ;

7 euros de CRDS ;

6,6 euros de cotisation sur la valeur ajoutée des entreprises (CVAE) ;

6,6 euros d'impôts irrécouvrables ;

6,5 euros de contribution au service public de l'électricité ;

6,5 euros de taxe d'habitation (il s'agit des données 2021) ;

5,1 euros de cotisation foncière des entreprises (CFE) ;

4,5 euros de forfait social ;

4,2 euros de taxes sur les boissons ;

3,2 euros de taxe au profit du Fonds national d'aide au logement (FNAL) ;

3,2 euros de Contribution sociale de solidarité des sociétés (C3S) ;

3 euros d'imposition de prélèvements sur les capitaux mobiliers (PRCM) ;

2,7 euros de contribution à l'audiovisuel public ;

2,5 euros de taxe sur les mutuelles ;

2,4 euros sur les produits de la loterie nationale et du loto (Française des jeux) ;

1,9 euro pour la Caisse nationale de solidarité pour l'autonomie ;

1,9 euro de taxe sur les certificats d'immatriculation des véhicules ;

1,9 euro d'impôt sur l'énergie électrique ;

1,8 euro d'impôt sur la fortune immobilière (IFI) ;

1,4 euro sur les paris hippiques ;

1,2 euro d'Imposition forfaitaire sur les entreprises de réseaux (IFER) ;

1 euro sur les primes d'assurance automobile.

Surtaxés !

Chapitre 1

45,2 % de taux de prélèvements obligatoires, la France toujours championne

La France ? Le pays le plus taxé du monde[1].

Avec ses 45,2 % du PIB de prélèvements obligatoires et ses 1 195 milliards d'euros de prélèvements.

Avec ses 483 taxes, cotisations et impôts.

Avec ses plus de 4 000 pages du fameux Code général des impôts.

Avec son ministère des Finances accro aux taxes.

Avec sa direction de la législation fiscale qui fait tout pour que les baisses d'impôts soient systématiquement neutralisées par autant de hausses.

Depuis 2017, s'il y a bien un cap qui n'a jamais changé dans le discours gouvernemental, c'est celui de la baisse des impôts. Sur le papier, la cohérence est là. Le ministre de l'Économie, Bruno Le Maire, en fait la promesse interview après interview : « Nous n'augmenterons pas les impôts. » Bref, à force d'entendre que le gouvernement baisse les impôts et ne les augmentera pas, on pourrait

1. La France a été championne du monde des prélèvements obligatoires des pays de l'OCDE en 2018-2019 et est bien placée pour le redevenir en 2022.

croire que nous payons de moins en moins d'impôts. Mais il n'en est rien. Pire, c'est tout le contraire qui se passe.

Les derniers chiffres publiés dans le rapport économique, social et financier (RESF), dans le cadre de la discussion du budget 2023, sont édifiants : nous n'avons, proportionnellement à la richesse nationale de la France, jamais payé autant d'impôts depuis les années 1990. En 2022, 45,2 % de notre richesse nationale est prélevée en impôts, taxes et cotisations (cela hors crédits d'impôt et hors cotisations sociales imputées, soit les cotisations employeur pour les retraites des agents publics). Un taux qui nous place en champion de la zone euro de la pression fiscale.

Même pendant le quinquennat de François Hollande, la France ne payait pas autant d'impôts, taxes et cotisations – de 2012 à 2016, selon les chiffres du RESF, le taux de prélèvements obligatoires est toujours resté sous la barre des 45 %.

Même en 2017, qui était déjà une année de pic de prélèvements obligatoires et une année électorale, nous n'avions pas atteint de tels niveaux puisque nous étions à 45,1 % par rapport à la richesse nationale. Et, à ce moment-là, le président de la République nouvellement élu s'engageait à baisser le taux de prélèvements obligatoires de la France de 1 point… Une baisse effectivement réalisée mais bientôt annulée… et dépassée !

Entre 2021 et 2022, les recettes fiscales et sociales ont augmenté de 87,2 milliards : c'est 61 milliards de plus que ce qui avait été voté initialement pour l'ensemble des administrations publiques. En volume, c'est-à-dire hors inflation, la hausse est de 0,9 point, soit 25 milliards de plus.

Alors, comment se fait-il que les annonces de baisses d'impôts s'enchaînent et que nos impôts à payer soient toujours plus hauts ? En réalité, l'inflation y est pour beaucoup car si les prix montent, les recettes liées à la hausse des prix montent aussi. On peut estimer les recettes supplémentaires liées mécaniquement à l'inflation à environ 62 milliards en 2022. Et comme la croissance du PIB est moindre que prévu, cela a un effet encore plus fort sur le taux de prélèvements obligatoires.

Qui bénéficie de ces nouvelles recettes ? Clairement, c'est la Sécurité sociale qui récupère le plus avec 45 milliards d'euros supplémentaires, l'État venant derrière avec 34 milliards puis les collectivités avec 8 milliards.

Quels impôts ont le plus augmenté ?

Du côté des cotisations sociales supplémentaires, les recettes ont bénéficié de l'augmentation de salaires puisque, rien qu'au premier semestre 2022, la masse salariale a augmenté de 11 %... Chaque fois que les salaires augmentent avec les négociations liées à l'inflation, les cotisations sociales rentrent à plein. Et la CSG aussi avec 7 milliards de recettes en plus en 2022[1].

Un autre effet doit aussi être pris en compte : les reports de charges[2] de 2021 payées en 2022 pour les indépendants pour 10 milliards... et 1 à 2 milliards de reports de charges (nous n'avons pas plus de données) pour les salariés.

Du côté de l'impôt sur les sociétés, les recettes supplémentaires s'élèvent à 12,7 milliards. Du côté de l'impôt sur le revenu, 8 milliards en plus.

La plus grosse augmentation pèse, sans surprise, sur la TVA avec 18 milliards en plus que l'on doit à

---

1. Tous organismes confondus – y compris UNEDIC.
2. Soit les reports de cotisation URSSAF décidés dans le cadre des mesures Covid.

l'augmentation des prix. Pour la première fois en 2022, les recettes totales de TVA dépassent les 200 milliards d'euros !

Il faut ajouter à cela aussi 9 milliards d'euros de gain sur les charges de SPE (service public de l'énergie) – en gros, ce que l'État compte récupérer des opérateurs d'énergie en plafonnant leurs tarifs – qui sont comptés en recettes fiscales d'une façon un peu arbitraire alors qu'ils auraient pu être comptés en recettes non fiscales.

Il y a, certes, des baisses d'impôts en 2022 mais elles ne suffisent clairement pas à juguler l'envolée des recettes : ce ne sont pas la baisse de la taxe d'habitation pour 2,8 milliards ou la suppression de la redevance TV pour 3,2 milliards qui pourraient faire le pendant de 86 milliards d'augmentations !

Quoi qu'il en soit, nos prélèvements obligatoires explosent en passant de 1 107 milliards en 2021 à 1 195 milliards en 2022, et, le plus incroyable, c'est que certains cherchent encore à inventer de nouvelles taxes (sur les « superprofits », notamment… bien que le gouvernement ait assuré ne pas la retenir dans la loi de finances[1]) à l'heure où le renchérissement du coût de l'énergie pourrait ruiner l'attractivité industrielle de la France et de l'Europe, ce qui est par ailleurs contradictoire avec la volonté de réindustrialisation.

Mais il demeure trop tentant pour l'exécutif d'encaisser les recettes supplémentaires et de les dépenser en faisant des chèques énergie, de rentrée scolaire ou

1. Dinah Cohen, « Taxe sur les superdividendes : l'amendement adopté contre l'avis du gouvernement ne sera pas retenu, annonce Bruno Le Maire », *Le Figaro*, 17 octobre 2022, en ligne.

autres plutôt que de baisser les impôts. Et cela risque de durer car on comprend dans le budget 2023 que Bercy va revaloriser les bases cadastrales et donc les taxes foncières des ménages et des entreprises de 7 % (et les taux risquent de monter aussi)[1]...

La France n'en a clairement pas fini avec les records de fiscalité, le montant des impôts va continuer à s'envoler. Attention néanmoins, rappelons-nous que, suite à un pic de fiscalité à 45,1 % en 2017, un certain mécontentement s'est fait sentir en octobre 2018. Il y a tout lieu de croire que, avec encore plus de pression fiscale et l'inflation que l'on connaît, ce « ras-le-bol fiscal » ou « crise du pouvoir d'achat », quel que soit le nom qu'il porte, n'est pas si loin...

1. Sur la base de l'IPCH (prix à la consommation harmonisés glissants) de novembre.

Chapitre 2

Personne pour nous protéger de la folie fiscale française

Qui nous protège de la folie fiscale et des taux de prélèvements obligatoires gigantesques ? Le Conseil constitutionnel ? Normalement oui, car ce dernier devrait garantir le respect de l'article 13 de la Déclaration des droits de l'homme et du citoyen de 1789… mais en matière fiscale, on dirait bien que le Conseil constitutionnel s'en remet un peu trop à Bercy…

Si l'on prend, pour exemple, la disparition progressive de la taxe d'habitation décidée en 2018 pour 80 % des ménages, on aurait pu s'attendre à ce que le Conseil constitutionnel la censure sur le fondement d'une « rupture d'égalité devant l'impôt » car on avait « oublié » 20 % des contribuables.

Mais le Conseil constitutionnel a laissé le gouvernement poursuivre cette suppression partielle tout en lui suggérant de viser une suppression totale de la taxe d'habitation pour les 20 % de contribuables restants, « à terme ». Pourquoi avoir montré une telle mansuétude envers les pouvoirs publics ? Cela reste un mystère. Sans doute par peur de créer un précédent, mais aussi de venir « perturber » la politique fiscale du gouvernement.

En toute logique, le Conseil constitutionnel aurait dû imposer une suppression immédiate et globale pour l'ensemble des contribuables. En affirmant qu'il « ne lui appartient pas de rechercher si les objectifs que s'est assignés le législateur auraient pu être atteints par d'autres voies », le Conseil constitutionnel a reporté sa responsabilité sur le Parlement... mais en réalité, le législateur n'a plus du tout la main en matière fiscale, même si tout le monde fait semblant d'y croire.

C'est très largement un faux-semblant car la révision constitutionnelle de 2008, en réservant la fiscalité aux lois de finances, a renforcé la mainmise du gouvernement et de Bercy sur la maîtrise de la législation fiscale.

En réalité, c'est l'administration fiscale qui gère notre fiscalité et plus précisément la direction de la Législation fiscale (DLF). Toute l'évolution de la fiscalité française est dans les mains de cette direction qui est responsable de l'élaboration des mesures fiscales nouvelles. La DLF a aussi la charge de la rédaction des instructions sur les évolutions législatives, réglementaires et jurisprudentielles.

Dans un pays dans lequel on respecte les citoyens et les entreprises, cette DLF aurait dû sonner l'alarme depuis longtemps sur le fait qu'on avait dépassé le taux maximum d'impôts acceptables comme démontré par la courbe de Laffer[1]. Mais il n'en a rien été ! Au contraire, la DLF a décidé, un jour, qu'elle ne savait pas chiffrer l'effet dépressif des taux élevés sur la basse d'imposition, et considère depuis que l'on peut taxer toujours plus sans dommages collatéraux.

1. Courbe qui démontre que, passé un certain taux de prélèvement, la collecte de l'impôt baisse – car ce taux prohibitif encourage la fraude et détruit le consentement à l'impôt.

Et grâce au coaching de la DLF, les ministres de Bercy sont d'ailleurs passés maîtres pour nous expliquer, sur tous les plateaux télé et à toutes les radios, que oui les recettes augmentent mais qu'en fait les impôts baissent et que tout cela ne vient que d'un meilleur taux de recouvrement des impôts. À l'Élysée ou à Matignon, les seuls spécialistes habilités à parler de fiscalité ou d'économie sont des anciens de Bercy. Ils en viennent et y retourneront un jour et même la presse économique y prend en permanence ses informations, ce qui questionne sur la distance critique nécessaire.

Sur la taxe à 3 % sur les dividendes, la DLF et les cabinets ministériels se sont pris les pieds dans leur propre tapis en cherchant à mettre en place une « optimisation » pour les recettes de l'État qui ne respectait pas les textes européens. Adieu, alors, les 10 milliards de collecte attendus ? Non, au dernier moment, le législateur a inventé une surtaxe exceptionnelle et additionnelle à l'impôt sur les sociétés pour la remplacer (trois cent vingt entreprises concernées). Ça ne s'invente pas. Et là non plus, le Conseil constitutionnel n'a rien trouvé à redire.

Faute d'une protection institutionnelle, comment se prémunir de cette folie fiscale ? Plus puissantes que les ménages et les entreprises, les collectivités territoriales ont trouvé une parade et s'assurent, systématiquement, que les charges qui leur sont imposées ou les baisses de prélèvements soient compensées à l'euro près. Pour cela, elles disposent d'un organisme dédié, le comité des finances locales (CFL), créé en 1979 et qui a maintenant son propre observatoire des finances locales. Évidemment, il n'y a aucun équivalent pour les ménages et pour les entreprises. Aucun observatoire de la fiscalité des ménages, aucun organisme mesurant la pression fiscale des entreprises.

Ce travail n'est même pas fait par la direction du Trésor, organisme de prévision et d'analyse du ministère des Finances. Cela serait légitime, ne serait-ce que pour suivre et préserver les bases fiscales servant d'assiette aux impôts futurs et préserver la croissance potentielle et la compétitivité des entreprises.

Le Trésor devrait élaborer des indicateurs publics et transparents permettant de mesurer la compétitivité des entreprises par rapport à leurs concurrents internationaux ou européens, la pression fiscale et la préservation des revenus et du pouvoir d'achat des ménages, voire le PIB par habitant. Au lieu de cela, la direction du Trésor vit encore selon un modèle macro-économique keynésien totalement dépassé, le modèle Mésange, qui considère toujours que plus on dépense, plus l'économie se porte bien, et que des baisses de dépenses auraient un effet récessif.

Faut-il aller plus loin et décider de la mise en place d'un bouclier fiscal ? Un tel dispositif existe déjà, avec un plafond à 75 % maximum, mais ne protège que ceux qui paient l'IFI (ancien ISF) et ne prend en compte ni la fiscalité locale, ni les contributions sociales sur les salaires (CSG, CRDS). Mais qui trouve normal que le caractère confiscatoire de l'impôt ne commence qu'à 75 % des revenus d'une personne ?

Chapitre 3

681 milliards d'impôts en 2021 pour les ménages…

L'année 2023 aura commencé par la diffusion, via Oxfam, du souhait de deux cents millionnaires de par le monde (dont seulement deux Français) de payer plus d'impôts. Bruno Le Maire, le ministre de l'Économie, a alors ironisé : « S'ils veulent s'installer en France, ils sont les bienvenus, ils auront droit au taux d'imposition parmi les plus élevés de tous les pays développés. » Il a même détaillé que nous sommes taxés en France avec « un impôt marginal sur le revenu à 45 % », « la CSG à 9 % » et « une surtaxe sur les salaires à 4 % ». Et a ajouté : « Vous serez l'une des personnes les plus taxées au monde et donc vous serez heureux[1]. »

Cette ironie n'a pas plu à tout le monde. Il faut dire que les ménages français qui travaillent croulent sous la charge fiscale. Et avec l'inflation, cela ne s'est pas amélioré, au contraire !

En 2017, les ménages payaient 627 milliards d'impôts, taxes et cotisations. En 2021, c'est 681 milliards.

1. Bruno Le Maire, ministre de l'Économie, des Finances et de la Souveraineté industrielle et numérique, sur le plateau de 8.30 franceinfo, le 18 janvier 2023.

Soit 27,2 % du PIB. Si on regarde l'ensemble des prélèvements obligatoires pesant sur les ménages et leur évolution sur le premier quinquennat d'Emmanuel Macron (jusqu'à fin 2021), on observe bien une hausse de 54 milliards d'euros.

Pourtant, pendant les campagnes présidentielle et législatives, le gouvernement communiquait sur une baisse officielle de 28 milliards, de 2017 à 2022. Facile à dire alors que les chiffres finaux de 2022 n'étaient pas encore connus et que la méthode de calcul est on ne peut plus tordue. En effet, la baisse du gouvernement est calculée par rapport à la hausse tendancielle des recettes en relation avec la croissance. En clair, la baisse est une « moindre hausse ». Les Français seront contents de savoir qu'ils paient bien plus d'impôts mais pas autant que ce qui était prévu. Et ils devraient dire merci ?

Finalement, quelle est la décomposition des 681 milliards d'euros d'impôts, taxes et cotisations payés par les ménages ? L'impôt sur le revenu est passé de 74 milliards à 87 milliards en 2022, la CSG de 99 milliards à 130 milliards, la TVA de 162 à 204 milliards[1].

On conserve donc en France un niveau de pression fiscale sur les ménages très fort qui a encore augmenté en 2022 avec l'inflation. Pour tenter de répondre à cette hausse, le gouvernement s'est engagé à l'été 2022 à revoir le barème de l'impôt sur le revenu mais pas avant... 2023 ! Un décalage ubuesque qui démontre bien que l'intérêt premier de Bercy est de faire rentrer l'impôt et non pas de rendre du pouvoir d'achat aux Français. En effet, le barème de l'impôt sur le revenu

1. Chiffres en comptabilité budgétaire qui peuvent encore changer pour l'année 2022.

continue étonnamment d'être revu par Bercy à partir de l'inflation de l'année précédente et non de celle de l'année en cours. En 2021, par exemple, l'inflation a été officiellement de 1,6 % mais la révision du barème de l'impôt fut seulement de 0,2 %. Résultat : les ménages les plus aisés ont dû s'acquitter d'un surplus qu'on peut estimer à 1,6 milliard d'euros. Même jeu de passe-passe pour 2022. Pourtant, si la révision du barème de l'impôt sur le revenu avait été faite avec la vraie inflation pour 2022 (7 % et pas 1,5 %), cela aurait permis de faire baisser le poids de cet impôt en 2022 de 5 à 10 % pour les ménages.

L'autre réalité de notre fiscalité des ménages, c'est que nous avons des impôts directs très inégalement répartis. Sur l'ensemble des impôts directs (impôt sur le revenu, CSG, taxe foncière, impôts sur les successions, IFI...), la moitié est payée par les 10 % des Français qui déclarent les plus hauts revenus. Et ils paient aussi 70 % de la recette d'impôt sur le revenu. Notons d'ailleurs que l'on entre dans les 10 % des plus « riches » à partir de 3 328 euros par mois[1]. On se retrouve donc dans une situation où une petite minorité finance les dépenses qui profitent à la majorité, un puits sans fond car cette dernière demande toujours plus de dépenses... puisque ce n'est pas elle qui paie.

Une réalité qui n'empêche pas de dire que les mesures sociales et fiscales prises durant la crise du Covid-19 ont davantage profité aux plus fortunés. C'est aller un peu vite en besogne et surtout, c'est oublier que ce sont eux qui se sont acquittés de la majorité des hausses de fiscalité de ces dernières années !

---

1. Observatoire des inégalités, « Rapport sur les riches en France », 2022, p. 34.

Par exemple, une note de l'Insee nous apprend que les 10 % des ménages qui déclarent le plus de revenus ont bénéficié d'une baisse de la taxe d'habitation plus importante que les autres ménages en 2021 (240 euros), alors que 60 % des ménages n'en ont pas eu du tout[1]. Certains médias en ont même fait les gros titres. Il faut dire que l'info est racoleuse... Elle est aussi incomplète puisqu'elle oublie de dire que les 10 % les plus riches en question n'avaient pas bénéficié jusqu'en 2020 de la baisse et de la suppression de la taxe d'habitation quand les autres ménages ont bénéficié de cette mesure depuis 2018. Alors forcément, quand on a voulu comparer la baisse « des riches » de 2021 à la baisse générale entamée depuis deux ans, cela faisait apparaître pour ces derniers une baisse plus importante à l'instant T.

S'agissant de l'impôt sur le revenu, là encore, la même étude montrait que c'est la moitié la plus aisée qui en a le plus bénéficié. Une info croustillante pour ouvrir les journaux mais c'est une fois de plus oublier de dire que 56 % des ménages ne sont pas imposables. Ainsi, seuls les 44 % de ménages qui paient l'impôt sur le revenu peuvent bénéficier des baisses quand elles sont votées. Cette part très importante, en France, de ménages non imposables s'explique par le fait que nous sommes le pays où un célibataire qui travaille ne paie pas d'impôt sur le revenu avant de gagner 16 000 euros net imposables par an. En Italie, un célibataire qui touche le même salaire est imposé à 23 % sur ses revenus.

Nos voisins européens, notamment les Allemands et les Italiens, ont choisi de faire participer les ménages de façon plus importante, ce qui passe obligatoirement

1. Insee, France Portrait social, édition 2022.

par une entrée dans l'impôt sur des plus bas salaires. Ainsi, même en comptant la CSG, la France est derrière l'Allemagne et l'Italie sur la recette d'impôt sur le revenu par rapport au PIB...

Étrangement, aucun organisme public n'a analysé comment le prélèvement à la source augmentait la fiscalité des ménages assujettis. Ce serait pourtant fort intéressant, surtout en période d'inflation.

Méfions-nous des conclusions hâtives. Factuellement, entre 2010 et 2021, le taux de redistribution en faveur des plus pauvres s'est accru de 34 points, tandis que les plus riches se sont vu ponctionner de 4 points. Dommage qu'une petite musique laisse toujours entendre le contraire.

Chapitre 4

148 milliards d'impôts en trop pour nos entreprises

Nos entreprises traînent un boulet fiscal beaucoup plus lourd en France que dans les pays de la zone euro. Le sujet est admis par beaucoup et des décisions gouvernementales ont été prises pour réduire cet écart. Enfin, du moins en apparence. Car dans la réalité, c'est plus compliqué.

L'écart avec les pays de la zone euro s'est-il résorbé ces dernières années ? Pas suffisamment ! 148 milliards de prélèvements obligatoires supplémentaires pèsent sur nos entreprises par rapport à la moyenne de la zone euro (hors France) en 2021. Une sur-facture énorme que paient tous les ans nos entreprises par rapport à leurs concurrentes européennes. Presque 6 points de PIB !

Depuis 2017, les prélèvements payés par les entreprises sont passés de 14,2 % à 13,2 %, mais, pendant ce temps-là, les autres pays ont baissé de 7,8 % à 7,3 %. C'est une course sans fin pour rattraper la compétitivité de nos voisins, et nous restons très, très loin derrière. En milliards, l'écart n'a d'ailleurs quasiment pas bougé : il était déjà de 149 milliards d'euros en 2017.

Le taux moyen de prélèvements est en zone euro de 40 % du PIB, alors qu'il reste de 45 % en France. On l'a vu. La France a certes un peu baissé son taux de prélèvements obligatoires entre 2017 et 2021 de 1,3 point de PIB tandis que les autres pays ont fait monter le leur en passant de 38,6 % du PIB à 40 %.

Ce sont nos entreprises qui assument entièrement l'écart de coût du modèle français. Sur les cotisations sociales à la charge des employeurs, il demeure un écart de 84 milliards d'euros avec celles acquittées dans les autres pays de la zone euro.

Quand on parle avec un entrepreneur implanté en France et en Allemagne, on comprend bien pourquoi les salaires les plus élevés sont plutôt outre-Rhin. C'est simple, les cotisations y sont proportionnelles et plafonnées. Par exemple, en Allemagne, on ne cotise pas pour le chômage au-delà de 5 500 euros par mois. Que vous gagniez 1 000 euros ou 4 000 euros, le taux réel de cotisations employeur est autour de 20 % du salaire brut. Ce n'est pas du tout le cas en France où les cotisations patronales passent de 12 % à 42 % du brut !

Le reste de l'écart incombe au poids des taxes sur la production, + 49 milliards par rapport au reste de la zone euro. Même après la baisse de la cotisation sur la valeur ajoutée des entreprises (CVAE) et de la cotisation foncière des entreprises (CFE) et la suppression annoncée de la première pour 2024, il restera encore un écart de plus de 30 milliards composés de la collecte de la contribution économique territoriale (CET), de l'imposition forfaitaire des entreprises de réseaux (IFER), des taxes transports et de la contribution sociale de solidarité des sociétés (C3S). Un Everest fiscal toujours bien présent qui montre à quel point l'écart de compétitivité est encore gigantesque entre la France et ses partenaires européens.

Certes, les gouvernements successifs, après avoir pris les entreprises françaises pour les vaches à lait du modèle social, ont fait des efforts ces dernières années pour réduire le taux d'impôt sur les sociétés et les taxes de production (pour près de 10 milliards d'euros) ou encore supprimer, dans les deux ans qui viennent, la CVAE pour 7 milliards d'euros... mais ce sont en réalité des gouttes dans l'océan de l'écart de compétitivité.

La liste est longue des taxes de production qu'il conviendrait de supprimer (taxe sur les salaires, forfait social, CFE résiduelle, etc.) à commencer par la C3S partiellement rognée sous François Hollande sans qu'Emmanuel Macron en poursuive la suppression, alors qu'il s'agit, d'après le Conseil d'analyse économique, de la taxe la plus néfaste pour les entreprises. Ces taxes sur la production sont d'autant plus insidieuses qu'elles pèsent sur les entreprises, que celles-ci dégagent ou non du profit.

Bref, nous sommes loin de pouvoir reconquérir un leadership entrepreneurial en Europe si nous ne prenons pas les choses encore plus au sérieux en revoyant toute la cascade fiscale française qui pèse sur notre économie productive. Et qu'on ne dise pas que les aides aux entreprises françaises compensent l'écart ! L'Allemagne, par exemple, aide quasiment autant que la France ses entreprises. Outre-Rhin, ces dernières sont pourtant loin derrière nous en matière d'imposition (145 milliards de moins par an). D'ailleurs, si nos entreprises n'avaient pas du tout de niches fiscales pour baisser leurs charges et impôts, elles seraient à presque 19 points de PIB de prélèvements obligatoires !

Autre idée toute faite qui circule : ce seraient les petites entreprises qui paieraient plus de prélèvements obligatoires que les grosses. Eh bien, il n'en est rien ! Le taux de prélèvements obligatoires, nets des subventions d'exploitation, est croissant avec la taille des entreprises : 26 % pour les microentreprises, 27 % pour les PME, 31 % pour les ETI et les grands groupes. À condition de compter tous les prélèvements.

Il faut donc arrêter de trouver des excuses du type : « les entreprises paient trop d'impôts mais on verse autant d'aides en subventions en face », ou « les entreprises paient trop d'impôts mais les grosses, les riches, échappent à l'impôt ». Ces arguments sont caducs. Qu'attend-on pour baisser les 148 milliards de boulet fiscal qui asphyxient nos entreprises ?

Taxés sur tout !

Chapitre 5

Même la cabane au fond du jardin est taxée à mort !

La cabane du pêcheur ? Non, la cabane au fond du jardin ! Preuve que l'inventivité fiscale française n'a pas de limites, il existe, depuis 2012, une taxe d'aménagement, communément appelée « taxe abris de jardin », ces derniers étant taxés à partir de 5 mètres carrés. Heureusement, certaines communes exonèrent les propriétaires d'abris jusqu'à 20 mètres carrés... mais avec la disparition de la taxe d'habitation, toutes les recettes sont désormais bonnes à prendre pour les collectivités. Construction de mètres carrés en plus d'abris de jardin, de vérandas, de garages, de pigeonniers, tout y passe ! Rien qu'en 2021, la taxe d'aménagement a rapporté la coquette somme de 1,9 milliard d'euros[1].

Cette taxe concerne « toutes les opérations d'aménagement, de construction, de reconstruction et d'agrandissement de bâtiments ou d'installations, nécessitant une autorisation d'urbanisme (permis de construire ou

1. Rapport de l'Observatoire des finances et de la gestion publique locale, « Les Finances des collectivités locales en 2022 ». La taxe d'aménagement est répartie entre deux parts : l'une finançant la section de fonctionnement (à dominante départementale) et l'autre finançant la section d'investissement pour la part communale.

d'aménager, déclaration préalable...) » d'une surface supérieure à 5 mètres carrés et d'une hauteur de plafond supérieure ou égale à 1,8 mètre, y compris les combles et les caves. Les abris de jardin, même démontables, sont donc soumis à cette taxe. Elle n'est, heureusement, due qu'une seule fois et ne concerne que les constructions nouvelles.

D'autres aménagements sont également visés par cette taxe. C'est le cas des piscines (200 euros par mètre carré), des panneaux photovoltaïques fixés au sol (12 euros par mètre carré), des chalets ou bungalows (10 000 euros par emplacement) ou encore des emplacements de tentes, caravanes, mobil-homes et autres (3 000 euros par emplacement).

Après une hausse de près de 7 % en 2022, cette taxe locale, qui est indexée sur l'indice du coût de construction, grimpe de plus de 8 % pour l'année 2023[1]. Du jamais-vu depuis 2015, date à laquelle la taxe d'aménagement s'était envolée de plus de 12 %. Entre 2012 et 2022, le rendement de la taxe aura crû de près de 25 %[2]. Autre record : pour la première fois, la valeur taxable, par mètre carré, va dépasser les 1 000 euros en moyenne en 2023 (1 004 euros exactement contre 929 euros en 2022) pour les propriétaires immobiliers résidant en Île-de-France. Pour ce qui est du reste de la population, elle s'élève, en moyenne, à 886 euros (contre 820 euros en 2022). Il s'agit également d'un record historique.

Pour calculer le vrai montant de la taxe, vous devez multiplier la base forfaitaire par la surface de votre abri

1. Selon un arrêté publié le 31 décembre 2022 au *Journal officiel*.

2. « Taxe d'aménagement : une hausse de 25 % en dix ans », *Le Télégramme*, 31 décembre 2021.

de jardin puis par les taux votés par les collectivités locales. Par exemple, la construction d'un abri de jardin de 10 mètres carrés à Nice vous coûtera, en 2023, 664,5 euros. Si vous habitez en Île-de-France, à Neuilly-sur-Seine, la facture s'élèvera à plus de 833 euros[1]. Pour certaines installations, une réduction de 50 % du montant de la taxe est prévue. C'est le cas pour les cent premiers mètres carrés de la résidence principale... ou les logements sociaux.

En cas de retard, comme pour l'impôt sur le revenu, une majoration de 10 % sera appliquée et il existe une pénalité de 80 % du montant dû en cas de construction sans autorisation ou illégale. D'ailleurs, la direction générale des Finances publiques ne s'y est pas trompée et a récemment lancé un algorithme utilisant l'intelligence artificielle afin de traquer, par exemple, les piscines construites sans autorisation pour leur faire payer la taxe. Ce qui laisse présager des redressements importants à venir (en y incluant bientôt les vérandas et les abris de jardin)... En août 2022, cet algorithme a permis de localiser près de 20 000 piscines non déclarées.

Autre coquetterie, d'après les documents budgétaires, la taxe d'aménagement rentre dans la fiscalité verte... Mais on est loin d'une taxe comportementale ou d'un impôt réellement focalisé sur les problématiques de développement durable, d'autant que sont désormais taxés les mètres carrés de panneaux photovoltaïques au sol, on l'a vu (12 euros le mètre carré).

Mais ce n'est pas sur ce point que les contribuables se crispent.

1. Selon le simulateur en ligne proposé par le ministère de la Transition écologique, « Calcul de la taxe d'aménagement ».

Dans la commune de Mellac, petite bourgade pimpante du Finistère, l'alourdissement incessant de la taxe a failli tourner au pugilat en février 2020 alors que le maire voulait doubler le taux, passant de 2 à 4 %, pour financer la construction d'un rond-point. Cela n'a pas plu du tout et la hausse n'a pas été validée par le conseil municipal. Heureusement, dans la foulée, le Conseil d'État a limité l'augmentation des taux à 20 % et uniquement dans les zones où l'augmentation de construction privée nécessite la construction publique de travaux de voirie et d'équipement. Le Conseil d'État a simplement fait jouer la logique de bon sens pour éviter que cette taxe ne devienne un instrument de pur rendement. Ouf !

À quand la taxe sur la niche du chien ?

Chapitre 6

Plus de 60 milliards de taxes environnementales

TICPE. Maintenant, tous les Français connaissent l'acronyme de cette taxe sur les carburants qui nous a valu l'occupation de ronds-points pendant des mois. Malgré cet épisode, le sujet du climat est plus que jamais sur le devant de la scène, et les taxes qui vont avec continuent de fleurir, façon champs de coquelicots. Et ce alors qu'on compte déjà une quarantaine de taxes vertes en France pour 61 milliards de recettes en 2021. Dont environ 40 milliards sur l'automobile et les carburants.

La France a déjà une fiscalité écologique substantielle. Selon l'OCDE, la fiscalité verte représentait en 2016 en moyenne 1,6 % du PIB des pays industrialisés, 1,9 % en Allemagne, 2,2 % en France, 2,2 % en Suède et 2,4 % au Royaume-Uni. En 2022, la fiscalité verte pourrait atteindre 2,5 % du PIB en France, soit l'une des fiscalités écologiques les plus élevées du monde.

La France veut-elle devenir première de la classe en matière « d'impôts verts » ? En parallèle, la Suède, qui ne passe pas pour indifférente au sort de la planète, a baissé sa fiscalité écologique de près de 0,5 point depuis 2009. Même les Danois, qui ont le record de niveau de taxes écologiques, sont en train de les diminuer !

Pourtant, notre gouvernement nous a encore doté d'une loi Énergie et Climat aux objectifs inatteignables. Voyons plutôt : atteindre la neutralité carbone à l'horizon 2050 en baissant les émissions de gaz à effet de serre, réduire la consommation énergétique primaire des énergies fossiles de 40 % en 2030, et enfin, baisser la part du nucléaire dans la production d'électricité de 50 % à l'horizon 2035. Un objectif annulé en janvier 2023 par le Sénat au moment du vote sur la loi pour accélérer la construction de nouveaux réacteurs nucléaires.

La France adore voter des objectifs irréalistes... quitte à les repousser. Rappelons que dans la loi de 2015, l'objectif était d'atteindre les 50 % de part de l'atome en 2025. C'était déjà tout à fait irréaliste puisqu'en 2023, nous sommes toujours à plus de 70 % de nucléaire dans notre électricité. Et il a fallu attendre une crise énergétique, la peur des coupures d'électricité et que la moitié de nos réacteurs nucléaires soit à l'arrêt pendant l'hiver 2022-2023 pour nous réveiller ! Actuellement, la production par les énergies renouvelables ne peut pas remplacer la production d'électricité de nos centrales nucléaires. Surtout avec l'avènement de la voiture électrique qui va nous demander d'augmenter notre production.

Comment ne pas s'inquiéter quand on voit *a posteriori* l'échec de la route solaire[1] dans l'Orne qui a coûté 5 millions d'euros à l'État et qui rapporte moins de la moitié en électricité par rapport à ce qui était

1. Une route utilisée comme capteur solaire, thermique et/ou photovoltaïque.

programmé ? Ou l'échec de la mégahydrolienne du futur de 800 tonnes et de 16 mètres de diamètre, financée par BpiFrance à hauteur de 75 millions d'euros, et revendue aux enchères début 2019... 1 000 euros ? Quelques jours après l'inauguration en grande pompe, en juillet 2018, le projet est stoppé brutalement, faute d'aides et d'appels d'offres. À Cherbourg, c'est la douche froide. La liquidation d'OpenHydro sera prononcée le 27 septembre suivant. Tout cela financé par des taxes vertes !

Pourtant, la France, grâce au nucléaire, émet moins de CO_2 par habitant que la plupart des pays d'Europe. 4,5 tonnes de CO_2 par habitant quand la moyenne dans l'Union européenne est à 6 tonnes par habitant, l'Allemagne à 7,9 tonnes et les Pays-Bas à 8,4. Mieux encore, pour produire son électricité, la France émet sept à dix fois moins de CO_2 en gramme de CO_2 par kWh que l'Allemagne[1].

L'État français a pourtant été sanctionné, fin 2022, pour non-respect de ses engagements écologiques. Cela car la puissance installée en énergies renouvelables est de 19 % dans son mix énergétique alors que son objectif est de 23 %. Pour souligner le caractère aberrant de la situation, rappelons que l'Europe avait fixé l'objectif à 20 %, ce que l'Allemagne a retenu. C'est le gouvernement français qui s'était engagé en 2015 à faire plus en fixant l'objectif à 23 %. Résultat : l'Allemagne à 19,3 % est félicitée et la France, avec 19,1 %, est punie malgré une électricité plus décarbonée grâce à ses centrales nucléaires. Pour sanction, la France a le choix entre payer une amende de 500 millions d'euros

1. Selon de bilan dressé par ENTSO-E, le Réseau européen des gestionnaires de réseau de transport d'électricité, pour 2022.

environ ou acheter 63 térawattheures de surplus de production « renouvelable » auprès des « bons élèves » de l'Union européenne.

Mais comment se fait-il que le nucléaire, qui ne génère pas de CO_2, ne soit pas compté dans les énergies « bas carbone » dites « renouvelables » ? À Bruxelles, ces derniers mois, l'affrontement entre pays européens a été vif pour savoir si les nouvelles centrales nucléaires allaient pouvoir bénéficier de financements « verts » avantageux. Dans l'état actuel des connaissances, le nucléaire se révèle moins polluant et moins impactant pour l'environnement que les éoliennes ou les panneaux photovoltaïques dont les technologies de recyclage ne sont pas encore totalement développées et disponibles. Cela pose un problème à court terme car ces installations devront être renouvelées totalement ou en partie d'ici quinze ans, pour l'éolien en mer, et dans vingt à trente ans pour l'éolien terrestre.

Rangeons une bonne fois pour toutes l'énergie nucléaire dans la catégorie des énergies renouvelables/durables et arrêtons de payer des simili-amendes alors que la France compte parmi les pays les moins émetteurs de gaz à effet de serre d'Europe. Notre modèle de mix énergétique a déjà une grande pertinence environnementale. Arrêtons de nous flageller et de surtaxer les Français pour financer des énergies renouvelables inexistantes quand il n'y a ni vent ni soleil, arrêtons de nous fixer des objectifs inatteignables pour, au final, se retrouver avec des risques de coupures en hiver.

Chapitre 7

Impôts sur les successions, la France championne

La France est un pays merveilleux. Si, par hasard, et malgré les cascades fiscales que vous avez dû assumer toute votre vie, il vous reste quelque chose à transmettre à vos enfants : des économies, une assurance-vie, une maison, voire une entreprise, alors là on vous dit qu'il va falloir payer plus.

La France est le pays qui taxe le plus les donations et successions avec 0,7 % du PIB quand la moyenne européenne est à 0,2 % (*idem* aux États-Unis), avec un taux qui atteint 60 % entre non-parents (un couple ni marié, ni pacsé, par exemple). La France est aussi le pays où il demeure très cher de transmettre une entreprise : en moyenne entre 10 et 17 % de la valeur de l'entreprise alors que la moyenne européenne est de 5 %.

En effet, une entreprise française doit payer aujourd'hui[1] jusqu'à 17,4 % en ligne directe et 24,6 % en ligne indirecte de sa valeur pour pouvoir se transmettre à la génération suivante. Ce surcoût n'existe ni en Allemagne, ni en Italie, ni en Espagne, ni au Royaume-Uni. Cela explique que la France soit

1. Fiscalité des dividendes et droits de transmission inclus.

aujourd'hui le plus mauvais élève de l'Europe en matière de transmission intrafamiliale des entreprises : 17 % contre 56 % en Allemagne et près de 70 % en Italie.

Que la Suède, le Luxembourg, l'Australie ou le Canada aient supprimé les droits de succession pour tous afin de conserver leurs entreprises et leurs talents, que l'Allemagne permette de transmettre une entreprise à un taux d'imposition à 0 % si la nouvelle génération s'engage à la conserver ne semble pas inspirer nos politiques qui s'écharpent à l'Assemblée au sujet d'un amendement pourtant minimaliste qui veut faire passer l'abattement pour succession de 100 000 à 150 000 euros par enfant. Une promesse qui figurait dans le programme du président Macron mais qui n'a pas, pour l'instant, été tenue.

Une note du Conseil d'analyse économique de décembre 2021 proposait même de quasiment doubler la taxation des donations et successions en augmentant les recettes, selon les hypothèses simulées, entre 9 et 19 milliards d'euros par an ! « C'est absurde », soupire un chef d'entreprise. Il est patron dans l'un des départements les plus pauvres de France et se bat pour transmettre son entreprise à la génération suivante. Or, le pacte d'actionnaires qu'il a sous les yeux fait plusieurs centaines de pages… et représente sûrement autant d'heures passées sur ce dossier par des juristes. Tout cela pour avoir une fiscalité un peu allégée, et encore, sous réserve de ne pas tomber sur un contrôleur trop tatillon. Notamment pour les pactes Dutreil qui sont très formels et peuvent être remis en cause à la moindre erreur.

Révoltant pour les entrepreneurs de France et leurs familles.

La transmission, c'est pourtant une garantie que les entreprises restent sur le territoire et conservent les emplois et ça, les pays du nord de l'Europe l'ont bien compris.

Avec ces taux très élevés en France, les recettes de l'impôt sur les successions, et accessoirement des donations, se sont envolées. Depuis les années 1980, les recettes fiscales liées à la transmission du patrimoine ont été multipliées par cinq, passant de moins de 3 à 12 milliards d'euros ! Et rien qu'entre 2011 et 2016, cette hausse s'est élevée à 56 %. Les droits de mutation à titre gratuit (DMTG) pesaient, en 2022, 14 milliards d'euros. Pour que la France revienne dans la moyenne européenne, il faudrait une diminution du barème et une augmentation des abattements pour 7,5 milliards d'euros !

En Suède, État providence par excellence, ce sont d'ailleurs les sociaux-démocrates qui ont supprimé les droits de succession en 2004. Ce qui a poussé le pays à agir ? La crainte de voir partir les entreprises familiales, dont celle du géant IKEA. Une politique incitative qui a porté ses fruits.

En France, malgré les rapports publics qui poussent l'État à toujours alourdir la fiscalité sur les successions, il est certain qu'elle reste rejetée par nos concitoyens[1]. Les sondages sont sur ce point absolument limpides : plus de 80 % d'entre eux considèrent comme « illégitimes » les droits de succession, alors même qu'ils sont 66 % à trouver que tous les Français devraient payer un impôt sur le revenu et 90 % à trouver urgente une réforme de la fiscalité.

Illégitime, un terme très fort. Un terme juste.

---

1. « Peut-on éviter une société d'héritiers ? », France Stratégie, 2017.

Chapitre 8

100 milliards de normes, l'impôt papier qui ne dit pas son nom

En avril 2022, le *Journal officiel* faisait le bilan de 2021 : 67 lois, 91 ordonnances et 1 843 décrets (cela sans inclure les 59 décrets relatifs à l'application des accords internationaux) avaient été publiés durant l'année. Un chiffre record qui n'avait pas été dépassé depuis 2010 (63 lois). En moyenne, on a compté 44 lois tous les ans sous le premier quinquennat d'Emmanuel Macron. Et si l'année 2020 a vu un ralentissement du nombre de lois et décrets, elle a vu exploser le nombre d'ordonnances : 125, dont 99 pour répondre à la crise sanitaire. Les normes répertoriées dans le bilan s'étendent sur 83 570 pages, effaçant ainsi tous les efforts de simplification normative effectués depuis le début du quinquennat.

Les conditions d'embauche et de licenciement, la taille des bananes vendues en supermarché, les démarches à valider avant un projet de construction, tout est encadré par une norme et quand l'actualité met en lumière un espace non encadré, nos élus se précipitent pour corriger le tir. Une évolution au fil de l'eau de normes votées à la chaîne, sans étude d'impact ni réflexion préalable sérieuse. Normes ensuite appliquées sans contrôle ni état des lieux régulier, qui conduit à l'augmentation perpétuelle de notre stock normatif.

En 2008, le gouvernement met en place la Commission consultative d'évaluation des normes (CCEN) uniquement pour les collectivités territoriales qui deviendra le Conseil national d'évaluation des normes (CNEN) en 2013. En 2012, la mission de lutte contre l'inflation normative est confiée au ministre de la Réforme de l'État avant d'être transférée en 2014 à un secrétariat d'État auprès du Premier ministre. C'est l'époque du « choc de simplification » piloté par le Conseil de simplification que dirigeait le député Thierry Mandon. La même année, un Conseil de la simplification pour les entreprises est expérimenté pour une durée de trois ans et ne sera jamais renouvelé.

Malheureusement, depuis 2017, la direction interministérielle de la transformation publique, sous l'autorité du ministère de la Transformation et de la Fonction publique, assure la mission de modernisation tandis que le secrétariat général du gouvernement (SGG) assure l'évaluation du stock normatif dans un rapport annuel publié depuis 2018.

Rapport qui nous permet de suivre l'évolution du nombre de mots et d'articles. En 2002, on comptait 22,6 millions de mots contre 42,45 millions en 2021. Une augmentation de 87 % en vingt ans. Sur la même période, le nombre d'articles a augmenté de 54 %. C'est le Code de la santé publique qui a vu l'augmentation la plus importante (de 552 088 mots en 2002 à 1,6 million en 2022), suivi de près par le Code de l'environnement (104 841 à 1 million de mots) et le Code du travail (646 836 à près de 1 million de mots).

La lutte contre l'inflation normative ne peut pas reposer sur la seule volonté politique de nos dirigeants : il faut mettre en place des outils pour évaluer les normes, les contrôler et les simplifier. Un travail ambitieux mais réalisable si l'on suit les méthodes déjà appliquées en Allemagne ou en Belgique qui leur a permis de faire baisser le poids des normes. Des pays qui évaluent en permanence leurs stocks de normes et mesurent l'impact des nouvelles, même celles émanant du droit européen, pour leurs entreprises, leurs collectivités et pour les citoyens.

En France, il n'existe aucun chiffrage officiel sur le coût annuel des normes. Seules les collectivités locales ont leur chiffrage. Dans le dernier rapport du CNEN, l'augmentation du poids des normes est évaluée à 2,5 milliards pour les collectivités en 2022 et 19 milliards cumulés en plus depuis 2002. On peut cependant estimer le coût global des normes à 100 milliards d'euros par an, minimum (80 milliards pesant sur les entreprises et 20 milliards sur les collectivités et les citoyens). Si la France appliquait l'objectif européen d'une simplification de -25 % des normes, le gain potentiel serait d'environ 20 milliards d'euros pour les entreprises et d'environ 4 milliards pour les collectivités, les services publics et les particuliers.

On en est encore loin.

C'est l'État qui prend le pouvoir d'achat !

Chapitre 9

Le patron paie 100... le salarié touche 47

Vous travaillez à temps plein et vous gagnez 2 023 euros net par mois ? Grosso modo, c'est le salaire moyen des Français. Sauf que votre employeur verse lui, de son côté, 4 333 euros par mois pour votre salaire. C'est votre salaire super-brut. 53 % de cette somme ont été prélevés en taxes et cotisations dont pas moins de 26 % uniquement en charges patronales.

Cela semble fou et pourtant, la France est bien en dernière position sur le salaire restant après prélèvement des charges salariales, employeur, CSG-CRDS et impôt sur le revenu. En réalité, l'OCDE nous place en quatrième position du salaire restant le plus faible, mais ce calcul ne prend pas en compte toute la CSG : cette fameuse taxe « solidaire » qui est réintégrée partiellement dans votre salaire net imposable et sur laquelle vous repayez l'impôt sur le revenu. En incluant une nouvelle fois cette part de CSG dans les charges, la France devient bien le pays qui prélève le plus sur les salaires avec un reste pour le salarié de 47 % du salaire super-brut, en moyenne.

Ce salaire restant, après prélèvements des charges salariales et de l'employeur et l'impôt sur le revenu, varie considérablement dans les pays de l'OCDE : de 48,5 % en Belgique à 93 % au Chili pour une moyenne de l'OCDE à 65,3 % et une moyenne européenne à 58,5 %.

Le salaire net perçu par le salarié est le plus faible en France car nous avons les charges payées par l'employeur les plus importantes. Comme l'explique l'OCDE, « les employeurs en France paient 26,6 % des coûts de main-d'œuvre sous forme de cotisations de Sécurité sociale, soit le niveau le plus élevé parmi les pays de l'OCDE. Et le taux de charges patronales augmente avec le montant des salaires[1] ».

Ainsi, sur un salaire super-brut de 42 700 euros, les charges patronales pèsent pour 28 % des prélèvements, mais ce taux passe à 31 % pour un salaire super-brut de 84 700 euros et jusqu'à 32 % pour un salaire super-brut à 117 000 euros. Les entreprises françaises paient ainsi 85 milliards de plus par an de cotisations sociales par rapport à la moyenne des pays de la zone euro.

En comparant avec l'Allemagne, on constate que pour les salaires allant de 1 et 1,3 smic, les employeurs allemands versent 15 milliards de cotisations en plus... mais ils versent 12,2 milliards de moins sur les salaires allant de 1,6 à 2,5 smic et encore 12,3 milliards de moins sur les salaires allant de 2,5 à 3,5 smic. Le système français est donc diamétralement opposé au système allemand dans lequel le taux de cotisations sociales est dégressif avec le niveau de rémunération. L'application du système allemand en France permettrait des économies de 88 milliards d'euros de cotisations à la charge des employeurs mais un supplément de cotisations pour les salariés de 53 milliards d'euros. Soit un allègement de 36 milliards d'euros au final.

1. OCDE, « Les impôts sur les salaires », 2022.

Cela explique pourquoi les salaires sont aussi bas en France car sur les 17 millions de salariés, seulement 1,3 million gagnent plus de 3,5 smic. Cette approche pénalise aussi le développement des entreprises à haute valeur ajoutée en France puisqu'elles ne peuvent pas offrir à leurs salariés des salaires aussi compétitifs que chez nos voisins européens. C'est la double peine. À la fois, les salariés perçoivent des rémunérations plus fortement amputées par rapport à ce que versent leurs employeurs et ils ont, à leur disposition, moins d'emplois qualifiés. Dès lors, peut-on s'étonner qu'il y ait de moins en moins d'emplois industriels en France ? En 2000, la part de l'industrie manufacturière dans le PIB était de 14 % contre 9 % en 2021. Un taux qui n'a baissé que de 21 à 19 % en Allemagne. Conséquence, en 2021, la France est en dernière position, à égalité avec la Grèce !

Pour augmenter les salaires dans notre pays, il est urgent d'instaurer une dégressivité (comme en Allemagne) des charges salariales et patronales totales.

Aujourd'hui, ce qui nous plombe est le fait que l'État-providence français surcharge par son coût les employeurs et employés pour se financer. Et après le coup de massue, c'est l'État qui vient ensuite distribuer des chèques pour redonner le pouvoir d'achat qu'il a lui-même diminué auparavant en refusant de faire des efforts pour rationaliser les dépenses et en ponctionnant toujours plus le travail.

Chapitre 10

L'équité fiscale n'existe pas !

L'année médiatique regorge de marottes : la rentrée des classes, les marchés de Noël, le retour du beau temps et depuis quelques années, une nouveauté : le jour de libération fiscale ! Il s'agit du jour de l'année où les contribuables ont financé tous les prélèvements obligatoires qui pèsent sur eux et commencent à gagner de l'argent… pour eux-mêmes ! Ainsi, en 2019, ce jour de libération est tombé le 19 juillet, mais en 2022, alors que les impôts ont prétendument baissé, ce jour est tombé le… 9 août !

Ce qui ne fait pas la une des journaux, c'est que ce jour de libération fiscale est (très) différent pour chaque contribuable ! Une belle illustration de l'iniquité française devant l'impôt et de sa forte progressivité. En réalité, le jour de libération fiscale (hors TVA) peut s'étendre, selon des évaluations sur les salaires super-brut de Fidroit pour la Fondation iFRAP, de février au… mois d'août. Soit presque un delta de sept mois pour une variation de taux d'imposition de près de 50 % ! Et retraités, salariés du privé et fonctionnaires ne sont pas logés à la même enseigne, loin de là.

Germaine a 72 ans. Sa pension s'élève à 1 500 euros net par mois et son taux d'imposition globale est de 9 %[1]. Son jour de libération fiscale est le 1er février, le jour de sa fête.

Armand et Bernadette, en couple et retraités, possèdent un appartement à Paris et une résidence secondaire. Leurs revenus fonciers s'élèvent à 85 000 euros par an tandis que leur pension mensuelle nette est de 6 660 euros. Leur taux d'imposition de 61 % et leur jour de libération fiscale est le 9 août ! Armand et Bernadette passent donc plus de la moitié de l'année à financer les dépenses publiques.

Intéressons-nous aux actifs maintenant.

Élodie assume seule la garde de son fils, Tom, 11 ans. Enseignante en Bretagne, elle gagne 2 000 euros net par mois. Son jour de libération fiscale tombe le 18 mai… mais il serait le 28 mai si Élodie travaillait dans le privé.

Autre profil. Éric et Charlotte sont un couple de trentenaires, sans enfant et pacsés. Commerciaux tous les deux, leur foyer perçoit mensuellement environ 4 160 euros net. Au final, leur taux d'imposition est de 47 % et leur jour de libération fiscale est le 22 juin. Et s'ils étaient fonctionnaires ? Leurs cotisations patronales passeraient de 1 953 à 899 euros : soit une ristourne de 1 054 euros. Leurs cotisations salariales, elles, baisseraient aussi à 556 euros et leur CSG/CRDS à 497 euros. Forcément, cela changerait leur net imposable et donc leur impôt sur le revenu diminuerait très légèrement à 3 735 euros. Leur taux de pression fiscale chuterait à 38 % et ils pourraient fêter leur libération fiscale dès le 18 mai. Avec des rémunérations équivalentes mais en passant dans la fonction publique, Éric et Charlotte avanceraient donc leur jour de libération fiscale de plus d'un mois !

1. Impôt sur le revenu, CSG-CRDS et cotisations.

Qu'en conclure ? Que les agents publics bénéficient d'une pression fiscale moins lourde et que oui, une partie des Français travaille plus de la moitié de l'année pour les finances publiques… mais pas tous !

L'équité fiscale n'existe pas.

Si les gouvernements aiment faire de la pédagogie, pourquoi ne pas proposer à chaque Français de pouvoir calculer son jour de libération fiscale ? Ou encore mieux, d'inscrire ce taux d'imposition globale sur les déclarations de revenus préremplies par Bercy ? Ce n'est pas comme si l'administration fiscale ne connaissait pas déjà cette information.

Chapitre 11

15 milliards de taxes sur les taxes

La France est l'un des rares pays où l'on paie des taxes… sur les taxes. Cela semble ubuesque et pourtant, tout le monde s'en acquitte ! La plus connue ? La CSG non déductible qui se rajoute sur la ligne « net à payer » de nos feuilles de salaire et sur laquelle nous payons de l'impôt sur le revenu. Celle qui rapporte le plus à l'État et la plus sournoise ? La TVA qui possède la particularité de s'appliquer sur « les impôts, taxes et droits de prélèvements de toute nature ». Combien rapportent ces taxes sur les taxes ?

La CSG non déductible peut être évaluée à 3,5 milliards d'euros tandis que la TVA, rien que sur les produits énergétiques (produits pétroliers raffinés, gaz naturel, électricité), peut être estimée, suivant les années, entre 12,4 et 14,6 milliards d'euros[1].

À sa création en 1990, la CSG, ou contribution sociale généralisée, visait à diversifier le mode de financement de la protection sociale. Comme les prélèvements sociaux, la CSG s'applique aux revenus d'activité (ou de remplacement) et aux revenus du patrimoine (et de placements). Sans s'en rendre compte, les Français paient plus de CSG que d'impôt sur le revenu : en 2020,

1. Les chiffres clés de l'énergie, 2019-2022.

le rendement de la CSG s'élevait à 127 milliards d'euros (en augmentation de + 29 % depuis 2017[1]) contre 79 milliards pour l'impôt sur le revenu.

Dans la CSG, il faut distinguer la *CSG déductible de l'impôt sur le revenu*, fixée à un taux de 6,8 % et la *CSG/CRDS non déductible*, fixée à un taux de 2,4 %. Pourquoi cette distinction ? À la base, la CSG n'était pas déductible tout court. Les Français, en plus de s'acquitter de la CSG, devaient payer de l'impôt sur le revenu dessus, dans son intégralité. Donc payer de l'impôt sur un revenu qu'ils ne touchaient pas. Trop impopulaire pour les socialistes en place à l'époque. La CSG déductible est alors née. Objectif : rendre 27 francs en pouvoir d'achat au niveau du smic. Et à côté de cette part, il reste toujours la CSG non déductible qui est, elle, déduite, une première fois, du salaire brut. Elle est ensuite réintégrée sur le net imposable et sera donc « taxée » une nouvelle fois lors du calcul et paiement de l'impôt sur le revenu. Que celui qui s'y retrouve lève la main.

Sur les revenus du patrimoine, l'État est allé encore plus loin et a trouvé le moyen d'imposer les contribuables deux fois encore sur des revenus, cette fois non existants. Un exemple en matière de loyers : malgré un revenu disponible de 6 956 euros, le contribuable bailleur doit payer de l'impôt sur 7 828 euros après réintroduction de la CRDS et de la CSG. Incontestablement, il paie de l'impôt sur des revenus qui n'existent pas.

Enfin, il faut se pencher sur la première recette fiscale de France, la TVA et son rendement attendu de 215 milliards en 2023. 3,5 % de cette collecte résultent de taxes sur les taxes sur les consommations de gaz,

1. Pour compenser les baisses de cotisations salariales sur le chômage et l'assurance maladie.

d'eau et d'électricité. Sur ces factures, les Français doivent également payer de la TVA sur les taxes et contributions.

Un exemple sur les factures de gaz où il y a, en plus du montant total de consommation, la CTA[1] et la TICGN, deux contributions/taxes, elles-mêmes soumises à la TVA à des taux différents : 5,5 % pour la CTA et 20 % pour la TICGN. La CTA permet de financer les droits spécifiques relatifs à l'assurance vieillesse du personnel relevant du régime des industries électriques et gazières et représente un pourcentage fixe du tarif d'acheminement (notons que les électriciens et gaziers sont eux exonérés de cette taxe sur leur propre consommation alors même qu'elle finance leurs pensions !).

Autre double peine fiscale en matière d'énergie pour les consommateurs de carburant : la TVA sur la taxe intérieure de consommation sur les produits énergétiques (TICPE) qui s'ajoute à la TVA sur le carburant lui-même. La TICPE est un impôt direct qui s'applique à tous les produits pétroliers. Cette taxe pèse presque systématiquement sur les achats du quotidien et s'applique notamment sur la TICPE à l'achat du carburant. D'après UFC-Que choisir, « sur chaque litre d'essence, ce sont ainsi 14 centimes d'euro qui sont payés en TVA sur la TICPE ».

Nos taxes sur les taxes : la CSG non déductible et la TVA sur les taxes s'inscrivent dans notre quotidien sans même que l'on s'en rende nécessairement compte. Cela pose un problème. Un problème qui nous coûte entre 16 et 18 milliards d'euros chaque année. C'est huit fois le montant de l'IFI mais ça, personne n'en parle.

1. La contribution tarifaire d'acheminement.

Et on paie aussi pour les fraudeurs !

Chapitre 12

20 milliards de fraude sociale... *a minima*

La question de la fraude sociale reste taboue. Pour beaucoup, elle serait même acceptable puisqu'elle concernerait une population plus démunie, quand la fraude fiscale serait, elle, réservée aux riches. Il faut sortir des préjugés et considérer ces deux types de fraudes à égalité car ce sont des milliards d'euros qui sont, tous les ans, détournés. Une estimation – très raisonnable – de la fraude sociale, issue de l'analyse des données publiées sur le sujet par les caisses sociales, permet de la chiffrer autour de 20 milliards d'euros chaque année.

20 milliards de fraude, c'est 2,6 % de la dépense totale de prestations sociales. Si le pourcentage semble minime, les montants en jeu sont colossaux... cela à cause du poids des dépenses sociales sur notre richesse nationale. En effet, la France se situe, en Europe, en tête des prestations sociales rapportées au PIB. 33,3 % de notre richesse nationale partent en dépenses sociales, soit plus de 800 milliards en 2021.

Le problème ? Cette estimation de la fraude est très certainement minimisée.

La fraude est difficile à caractériser à cause d'une définition floue qui englobe la fraude intentionnelle, la simple omission ou encore l'erreur administrative. Pire, certaines branches comptent également la fraude « évitée », c'est-à-dire les préjudices que la détection de fraudes, en les interrompant, permet d'éviter, dans leurs données, ce qui fausse les résultats.

Ensuite, il faudrait que les administrations soient capables d'évaluer les versements non dus ou « indus ». Par indues, on entend les prestations versées à tort. Cela peut être la conséquence de règles législatives qui ont changé, d'une erreur de l'administration responsable du calcul ou du versement, ou encore de déclarations tardives ou inexactes du bénéficiaire. Ces indus se distinguent de la fraude qui, elle, suppose une intention volontaire de tromper. Mais l'estimation des indus reste approximative.

La branche Famille de la Sécurité sociale chiffre les versements indus détectés à 2,8 milliards d'euros mais estime à 4,5 milliards d'euros les versements indus non détectés. Une estimation qui permet de mettre en lumière un delta important : presque le double !

En tête de la fraude estimée, on trouve le RSA avec 10,1 % de versements suspects, ce qui représente une fraude potentielle de 1 milliard d'euros. Dans le Pas-de-Calais, une mère de famille s'est déclarée mère isolée entre 2016 et 2019 alors qu'elle vivait avec le père de ses enfants. Elle a touché indûment 40 000 euros. Au total, RSA, prime d'activité et aides au logement représentent 78 % de la fraude estimée par la branche Famille.

Si la branche est capable de détecter que 0,44 % des versements effectués relève de la fraude, que 3,2 % des versements sont estimés frauduleux et que jusqu'à 8,1 % des versements sont potentiellement non dus, cela signifie qu'il existe une marge de manœuvre pour lutter contre les versements suspects et améliorer la qualité des prestations. Si on applique cette équation à l'ensemble des minimas sociaux, qui sont les aides les plus fraudées, on trouve 10,1 milliards d'euros de fraudes aux prestations sociales.

Dernier point, la fraude aux cotisations sociales. Attention, la fourchette est très large puisqu'elle oscille entre 7 et 25 milliards d'euros selon la Cour des comptes, sachant que les URSSAF estiment entre 6,8 et 8,4 milliards d'euros le manque à gagner lié au travail dissimulé. Un chiffre redressé depuis par le Haut Conseil pour le financement de la protection sociale. Celui-ci l'estime désormais dans une fourchette comprise entre 8,9 et 11,3 milliards d'euros.

En accumulant tous ces risques et fraudes estimés, on arrive à une estimation de fraude d'un peu plus de 20 milliards d'euros. Un manque dans les caisses sociales qui doit nous inquiéter et mérite plus de transparence sur les données et une vraie politique de contrôle ! Une fraude financée par les impôts et cotisations... de ceux qui ne fraudent pas et paient l'impôt.

Chapitre 13

Fraude fiscale : 30 milliards mais seulement 11 milliards retrouvés...

En matière de fiscalité et de déclarations aux impôts, même nos ministres ne s'y retrouvent pas : la Haute Autorité pour la transparence de la vie publique a compté que sur trente-cinq ministres et secrétaires d'État, vingt et un ont été redressés sur leur impôt sur le revenu en arrivant au gouvernement en 2017. Le redressement s'élevait tout de même à 10 788 euros en moyenne. Pas forcément des citoyens exemplaires !

L'estimation de la fraude fiscale est d'environ 30 milliards d'euros par an, dont la moitié uniquement sur la TVA : avec 7,4 % de fraude, la France se situe significativement plus haut que les Pays-Bas (4,4 %) ou la Suède (1,4 %). Clairement, des progrès importants restent à faire et au lieu de se concentrer sur ces fraudeurs professionnels, les contrôles de Bercy préfèrent dédier leurs efforts à des entreprises ou des ménages qui sont loin d'être des brigands.

C'est ce qui est arrivé à Antoine Leboyer. Il est dirigeant de GSX, une PME de logiciels comptant quarante emplois, dont le siège est installé en Suisse, avec une antenne à Nice. À la tête de la filiale niçoise, la mère du fondateur, une ancienne boulangère, a subi un contrôle fiscal d'un an et demi à la fin duquel Bercy lui réclamait

18 millions d'euros de redressement, soit trois ans de chiffre d'affaires. Pourquoi ? Le ministère des Finances considérait que « la société française [à Nice] [était] la réelle maison-mère, et que la "fausse" maison-mère suisse [avait] par conséquent une vocation surtout fiscale ».

Au total, Antoine Leboyer a dû se justifier devant quatre équipes de l'administration pour démontrer que l'établissement « stable » de son entreprise, soit le siège, n'était pas à Nice : les services locaux à Nice, la direction régionale de Marseille et deux équipes de contrôleurs fiscaux envoyés par Bercy. La première équipe de Bercy a accepté de baisser la note à 15 millions d'euros de redressement. Pourquoi ? C'est très vague. Tout comme la justification finale : Bercy a considéré que les « fautes » avaient été faites par le fondateur et non pas Antoine Leboyer, l'actuel dirigeant. Alors, la note finale a été abaissée à 4 millions d'euros de redressement.

Ce cas est tellement symptomatique du caractère arbitraire de certaines enquêtes fiscales qu'Antoine Leboyer a été entendu par la commission d'enquête de l'Assemblée nationale sur le thème de « l'exil des forces vives de France » en juillet 2014. Et, lorsque les parlementaires lui demandent pourquoi, s'il n'a pas fauté, il n'a pas intenté un procès en contentieux à l'administration fiscale pour ne pas avoir à payer les 4 millions d'euros, il explique : « Si vous décidez de faire un contentieux et de porter l'affaire devant le juge administratif, il faut d'abord déposer ce qu'on appelle les droits, qui représentent environ 50 % du redressement, ou constituer des garanties, ce qui revient quasiment au même. Mon choix était donc le suivant : soit j'acceptais de payer 4 millions d'euros, soit je contestais la somme, mais alors l'administration repartait sur la base de 15 millions d'euros. Aucune PME ne peut survivre à de telles épreuves. »

Pour nombre de redressés fiscaux, s'ils avaient fait un procès, ils auraient remporté l'affaire mais d'anciens agents de Bercy, ironiquement recyclés dans le conseil fiscal, conseillent alors les dirigeants d'entreprises pour négocier et faire baisser la note sans procès. En moyenne, la réduction peut osciller entre 10 à 40 %. Le scandale, c'est que beaucoup de gens préfèrent payer alors qu'ils ne doivent rien, de peur de traîner des années de contentieux. Le fisc en abuse et n'hésite pas à proposer, parfois, 90 % de rabais sur la note initiale qui n'est là que pour extorquer des fonds sous la menace.

Avec 11 milliards collectés en 2021, le rendement budgétaire du contrôle fiscal fait du surplace. Pire, les montants notifiés en matière de TVA sont en baisse, avec – 9,5 % alors que c'est là que réside l'essentiel de la fraude. Pour 2022, le gouvernement annonce 14,6 milliards de redressement notifiés mais on ne sait pas encore à combien s'élèveront les rabais accordés.

Pourtant, nous avons 127 161 agents au ministère des Finances, là où un pays comparable comme le Royaume-Uni n'en a que 99 320. La direction générale des Finances publiques emploie environ 5 800 agents pour réaliser les contrôles fiscaux externes, dont près de 4 000 vérificateurs. Les gouvernements successifs développent de nouvelles techniques : big-data, aviseurs fiscaux, police fiscale... Pour autant, les résultats ne sont pas encore au rendez-vous.

Indéniablement, la bascule du ciblage des contrôles via l'emploi de l'intelligence artificielle va devenir décisive. Aujourd'hui, faute d'avoir entamé cette modernisation à temps, la France a multiplié les agents et les contrôles inopinés sur des petits entrepreneurs plutôt que d'affronter la fraude massive et organisée.

La chasse fiscale aux « riches » est (toujours) ouverte

Chapitre 14

« Plus tu paies, moins t'as droit ! »

Si l'on est aussi taxé en France, c'est bien pour que tous, qu'importe notre revenu, nous puissions profiter des mêmes services publics, n'est-ce pas ? Eh bien non, car après avoir payé nos impôts, on s'aperçoit que les tarifs des services publics ne sont, ensuite, pas les mêmes pour tous !

Ainsi, plus on paie d'impôt sur le revenu, plus cher on paie la cantine dans les écoles publiques, l'inscription au conservatoire ou la place en crèche de nos enfants...

Cela est problématique pour plusieurs raisons. Premièrement, cela fait peser une double peine sur les foyers les plus aisés, qui paient le plus d'impôts pour financer des services auxquels ils n'auront accès qu'en payant plus, de nouveau. La notion de foyers « plus aisés » est également à prendre avec des pincettes car, pour les crèches, le tarif augmente dès 2 000 euros de revenu mensuel, soit le revenu moyen d'un foyer français avec deux enfants[1]. Il n'y a aussi aucun contrôle sur ces tarifs qui sont encadrés par une loi très floue, ce qui génère, on va le voir, de plus en plus d'abus

1. Gaëlle Guernalec-Levy et Antoine Blanchet, « Modes de garde : le coût selon vos revenus », *Parents*, 17 septembre 2021.

de la part des communes. Et à force d'abus, attention au phénomène où les plus fortunés se tournent vers des offres 100 % privées concurrentes, parfois moins chères (!) qu'ils peuvent choisir à leur convenance et sur lesquelles ils peuvent influer en tant que clients et non plus seulement en tant qu'usagers. À l'inverse, le gouvernement québécois a publié en 2008 un rapport intitulé « Mieux tarifer, pour mieux vivre ensemble » qui concluait que de la tarification dépendait le lien entre un service et son utilisateur, que de la gratuité découlait une certaine déresponsabilisation de l'usager et que ce dernier devait connaître le juste prix du service qu'il utilise. Une refonte des tarifs a notamment été mise en place en 2012 en France[1].

La tarification des services publics en fonction des revenus est une notion qui « fête » ses vingt-cinq ans. Elle est apparue en 1998 sous le gouvernement de Lionel Jospin et ce, dans une loi relative à la lutte contre les exclusions. Cette dernière a autorisé la modulation des tarifs des services publics administratifs à caractère facultatif, cela en fonction du revenu des usagers et de la composition du foyer. Mais à la condition très claire suivante : « Les droits les plus élevés ainsi fixés ne peuvent être supérieurs au coût par usager de la prestation concernée. » Cela va des tarifs des services sociaux (crèches, cantines scolaires, centres de loisirs, activités périscolaires) aux services culturels (musées, théâtres, conservatoires).

L'ampleur de la modulation est encadrée par l'obligation de fixer le tarif le plus élevé à un niveau inférieur

1. Martine Long, « Quel avenir pour le prix des services publics dans un contexte financier contraint ? », *Revue française d'administration publique*, 2012/4, n° 144.

au coût de fonctionnement par usager du service. Ainsi, les tarifs des cantines scolaires diffèrent en fonction du quotient familial des ménages, un quotient qui incorpore à la fois le revenu et la situation familiale (nombre d'enfants à charge, statut marital, etc.).

La tarification proportionnelle au revenu s'applique particulièrement aux services publics « Enfance jeunesse » des communes avec des tarifs qui peuvent varier de 1 à 10. Dans les villes où les tarifs les plus hauts ne cessent d'augmenter pour financer la quasi-gratuité des autres, la réprobation monte. À Paris, par exemple, on constate que de nombreux parents imposables, lassés de payer de plus en plus cher pour des services pas meilleurs que dans le privé, commencent à déserter les conservatoires, les crèches et les centres aérés.

Un exemple criant est celui des cantines scolaires parisiennes[1]. Par exemple, dans le XVIIIe arrondissement, le tarif d'un repas est variable de 0,13 centime d'euro (si le quotient familial est inférieur à 234 euros) à 7 euros (si le quotient familial est supérieur à 5 000 euros). Entre les deux, on compte dix tranches de tarifs progressifs. Même nombre de tranches concernant les inscriptions aux conservatoires municipaux parisiens : le cursus « musique, danse » annuel passe de 73 à 1 111 euros pour les Parisiens. Un rapport d'un à quinze. Et cela ne s'arrête pas là puisque le tarif passe de 92 à 1 387 euros pour les non-Parisiens qui doivent s'acquitter d'un écart tarifaire de 25 %. Tout cela pour des cours identiques !

Idem encore pour l'accueil périscolaire dont le coût horaire varie entre 5,5 euros la journée et 13 euros…

1. « La gouvernance des caisses des écoles et de la restauration scolaire par la ville de Paris », CRC Île-de-France, juin 2021.

Et si vous avez deux enfants à charge, l'inscription en crèche vous coûtera, si vous payez peu d'impôts, 3,64 euros par jour (soit un peu plus de 70 euros par mois)... mais si vous en payez beaucoup, alors le tarif sera de 36,58 euros par jour (soit plus de 700 euros par mois). Dix fois plus, là encore.

Est-ce que cela existe ailleurs ? Oui, les cantines belges, suisses et anglaises offrent bien des aides aux ménages défavorisés, mais cela ne change rien aux tarifs payés par les autres ménages. Et s'il existe bien une grille tarifaire pour le conservatoire de Genève, celle-ci est définie par tranche d'âge et non de revenus.

On observe que certaines villes françaises semblent tarifer exprès plus cher la cantine pour les ménages les plus riches. Un détournement de la loi, facile à mettre en place (il suffit d'inclure des activités pendant la pause déjeuner dans les écoles, par exemple), qui permet de générer un petit bonus pour les finances publiques des communes. Un petit tour de passe-passe révélé récemment par la chambre régionale des comptes d'Île-de-France s'agissant de la Ville de Paris. Cette dernière inclut le coût de la surveillance des élèves pendant la restauration. Ainsi le coût du repas moyen facturé à Paris est de 6,50 euros dans les écoles et les collèges mais la moitié (3,50 euros exactement) vient du coût des ressources humaines. Ce qui donne un tarif des cantines parisiennes beaucoup plus élevé que dans les lycées publics de Paris (gérés par la région) dont les prix vont de 50 centimes à 4,09 euros. On dirait bien que le calcul du prix de revient pour un repas dans une cantine publique à Paris ne se fait pas de la même manière à la Ville et à la Région !

À Lyon, c'est encore pire avec une facture encore plus chère à 7,30 euros le repas maximum alors que le prix de revient du repas est de 3 euros par enfant selon l'aveu même de la Mairie. Cette fois, ce sont des activités « ludiques » qui sont facturées en plus à l'heure du repas aux parents d'élèves plus aisés.

L'esprit de la loi de 1998 est donc « contourné » grâce au flou qui entoure la notion de « prestation » pour faire payer encore plus cher leurs services publics aux plus taxés. En 1998, le Conseil d'État faisait déjà part de ses interrogations sur le caractère « d'intérêt général » de l'introduction de tarifs variables pour les services relevant du domaine de la culture.

Le principe est malheureusement bien ancré maintenant : plus nous payons d'impôts, plus nous devons payer cher une partie de nos services publics ! La conséquence ? Les riches se retirent du système public et la société est coupée en deux... soit exactement l'inverse de la diversité sociale recherchée.

Chapitre 15

Alerte sur les taxes exceptionnelles

Souvenons-nous de la « surtaxe Sarkozy », créée en 2012 et qui devait être temporaire. Une surtaxe exceptionnelle de l'impôt sur le revenu qui devait financer les suites de la crise de 2008... sauf qu'elle est toujours là. Cette contribution s'ajoute au taux marginal d'imposition pour les contribuables dont les revenus dépassent les 250 000 euros. Le taux est de 3 % entre 250 000 et 500 000 euros, puis de 4 %.

Depuis, il y a eu de nombreuses velléités de renchérir cette taxe... Ainsi l'opposition à l'Assemblée nationale, dans sa proposition de loi de juin 2020, n'a pas hésité à demander une augmentation de cette surtaxe hauts revenus à 6 % et 8 %. Ainsi qu'un retour de l'ISF. Ou encore une suppression du prélèvement forfaitaire unique (PFU) à 30 % sur les revenus du capital pour quasi doubler le niveau de taxation des hauts revenus[1]. Objectif : taxer les riches de 6 milliards d'euros de plus !

La question qui se pose désormais est : quelle sera la prochaine forme de taxation de l'épargne ? Les idées fourmillent. En mai 2020, un député centriste appartenant à la majorité, Patrick Mignola, proposait

1. En les imposant au barème de l'impôt sur le revenu.

de taxer la fortune qu'il appelle « improductive » comme l'assurance-vie. À la même époque, un amendement était déposé pour prélever à 0,5 % des contrats d'assurance-vie de plus de 30 000 euros afin de récupérer 9 milliards.

En 2013, le FMI estimait qu'une taxe de 10 % pour les ménages disposant d'une épargne nette positive permettrait de réduire la dette des États européens. La même année, Chypre, au bord de la faillite, avait accepté de ponctionner à hauteur de 47,5 % les dépôts bancaires de la Bank of Cyprus supérieurs à 100 000 euros en échange d'un plan d'aide européen de 10 milliards d'euros. Initialement prévu, un autre prélèvement de 6,75 % sur les comptes de moins de 100 000 euros avait finalement été abandonné. Et il faut se souvenir qu'en juillet 1992, en Italie, et alors que la dette du pays frôlait les 120 % de PIB, le gouvernement de Giuliano Amato avait décidé de mettre en place un prélèvement de 0,6 % sur l'ensemble des dépôts bancaires pour se désendetter. La mesure avait permis de récolter 30 000 milliards de lires, soit 15 milliards d'euros d'aujourd'hui.

Piocher dans l'épargne des ménages reste une mesure risquée en vertu de son impopularité. C'est sans doute pourquoi aucun gouvernement des pays développés ne s'y est essayé depuis la suggestion du FMI en 2013. Mais l'impression demeure que tout est mis en place pour que cela puisse être possible en cas de besoin.

Les Français ont un patrimoine évalué à plus de 15 295 milliards d'euros constitué pour 6 200 milliards d'actifs financiers et 8 306 milliards d'immobilier.

En 2016, dans la loi Sapin 2, l'État s'est créé une possibilité de blocage des fonds de l'assurance-vie en fonds euros en cas de crise. En cas d'application de cet article, les épargnants perdraient donc l'accès à leurs fonds, et les contrats d'assurance-vie seraient gelés. Il s'agit évidemment d'un scénario très noir où la France serait proche de la faillite.

Bercy a aussi souhaité dans la touffeur de l'été 2021 avoir accès à tous les comptes bancaires et tous les mouvements sur les comptes des Français en temps réel... ce qui lui a été heureusement refusé. Pour cela, la DGFiP a argué d'une directive européenne de lutte contre le blanchiment d'argent (AMLD) pour « enrichir » (sans base légale ni consultation de la CNIL) un fichier stratégique. Ce fichier se nomme le Ficoba. C'est le fichier des comptes bancaires et assimilés hébergé par la Banque de France via un accès direct et permanent à toutes les opérations réalisées sur l'ensemble des comptes bancaires ouverts en France. Ce fichier recense 800 millions de comptes dont 300 millions actifs. Portant atteinte aux libertés publiques, cette démarche d'enrichissement autonome du Ficoba a heureusement été bloquée par la direction du numérique auprès du Premier ministre... mais jusqu'à quand ?

Jean-Paul Mattei, président du groupe MoDem, rêvait d'introduire dès 2023 une taxe exceptionnelle à 35 % sur les superdividendes. En gros, une taxe exceptionnelle de 5 points sur les dividendes plus importants que ceux versés les années d'avant. Bref, une « flat tax » à 35 %, sur les dividendes distribués ou les rachats d'actions, quand ces revenus sont « supérieurs de 20 % à la moyenne des revenus distribués entre 2017 et 2021 ». Ouf, cette nouvelle taxe n'est pas passée car la taxation envisagée aurait pénalisé surtout ceux qui touchent des dividendes d'entreprises qui n'avaient pas distribué de dividendes pendant la crise du Covid... justement à la demande de l'État et de la BCE ! Depuis, jour après jour, les propositions de taxes exceptionnelles fleurissent. La liste serait tellement longue qu'on ne peut toutes les citer. La dernière en date est celle d'Oxfam de taxer les plus riches à 2 % de leur patrimoine entrepreneurial. Une proposition qui ne tient pas la route sauf à faire fuir nos entrepreneurs les plus talentueux, même si elle a été abondamment reprise sur les bancs de l'Assemblée. Ce qui est certain, c'est que tout est prêt à Bercy pour déclencher de nouvelles taxes exceptionnelles ou bloquer l'épargne des Français.

Chapitre 16

Les taxes foncières qui explosent

On a supprimé la taxe d'habitation pour les résidences principales, mais les taxes foncières des ménages explosent ! La loi de finances 2023 prévoit même une révision générale des valeurs cadastrales à + 7 %. Les taxes foncières ont augmenté de 25 % ces dix dernières années…

Rien qu'en 2022, selon l'Union nationale des propriétaires immobiliers (UNPI), sur les deux cents plus grandes villes de France, la hausse de l'impôt local des propriétaires a gonflé en moyenne de 4,7 %. La taxe foncière sur les propriétés bâties (TFPB) des ménages atteint des records avec 36,3 milliards et sans doute plus encore en 2023. La faute, d'abord, à la majoration légale des valeurs locatives, votée au Parlement (+ 3,4 % en 2022, soit la plus forte revalorisation depuis… 1989).

Les élus locaux aussi ont leurs responsabilités en 2022 avec les hausses des taux qui s'ajoutent à la hausse des bases : hausse de 23,9 % à Poissy dans les Yvelines, Mantes-la-Jolie (+ 22,2 %), Martigues à la troisième place (+ 19 %), Marseille (+ 16,3 %) ou Tours (+ 16 %). Les propriétaires strasbourgeois subissent aussi la douloureuse avec 12,6 % de hausse sur leur facture, tout comme les Nantais (+ 11,5 %).

Mais si la hausse atteint 4,7 % en comptabilisant les taux des deux cents plus grandes villes de France, elle pourrait être plus élevée en moyenne pour l'ensemble des trente-cinq mille communes de France. En effet, lors de la présentation du projet de loi de finances, fin septembre 2022, le ministre de l'Économie, Bruno Le Maire, a chiffré l'augmentation de la taxe foncière entre « 5 et 6 % » en 2022[1].

Et la tendance risque de s'intensifier dans les années à venir. En 2023, nous serons encore loin des échéances électorales : ce sera donc encore une bonne année pour les communes pour augmenter massivement la pression fiscale sur les propriétaires. « Nous prévoyons des hausses terribles », annoncent les responsables de l'UNPI.

Enfin, les résidences secondaires[2] qui seront les seules à continuer à payer la taxe d'habitation (THRS) seront lourdement impactées. En effet, en sus de la taxe d'habitation elle-même qui subsiste vient s'agréger une taxe sur les logements vacants majorée en zone tendue. Or, en 2023, le périmètre de cette taxe sur les logements vacants sera étendu à davantage de communes touristiques (+ 4 000 communes). Par ailleurs, le taux de la taxe sera majoré en 2024, passant de 12,5 % à 17 % la première année et de 25 % à 34 % à partir de la deuxième année.

Paradoxalement, le projet de loi sur le pouvoir d'achat a introduit une limitation de la hausse des loyers à 3,5 % maximum dès le 15 octobre prochain et ce, pendant un an.

---

1. La Banque postale l'a anticipée à + 5,7 %, la direction du Trésor à + 5,4 %.

2. Et les autres locaux meublés non affectés à la résidence principale.

On se retrouve donc dans une situation où, d'un côté, on dit aux propriétaires qu'il ne faut pas augmenter les loyers pour ne pas pénaliser leurs locataires mais, de l'autre, on les matraque fiscalement en 2022 et 2023 en rattrapant l'inflation sur les bases, tout en concentrant certains impôts sur une base fiscale plus étroite – GEMAPI, TSE (taxe d'équipement), taxe d'enlèvement des ordures ménagères, etc. En parallèle, comme les revenus fonciers sont imposés la plupart du temps au barème de l'impôt sur le revenu, et comme le barème n'est pas revu en tenant compte de l'inflation en temps réel mais avec un décalage d'un an, c'est la triple peine pour les propriétaires immobiliers !

Par ailleurs, les détenteurs de résidences secondaires resteront assujettis à la taxe d'habitation désormais nommée THRS (« taxe d'habitation sur les résidences secondaires et autres locaux meublés non affectés à l'habitation principale »), elle pourrait rapporter jusqu'à 3 milliards d'euros, voire plus. En effet, la mise en place de la majoration en zone tendue permet d'augmenter son produit en votant « une majoration de 5 % à 60 % de la part de la taxe d'habitation lui revenant au titre des logements meublés non affectés à l'habitation principale ».

Actuellement, les résidences secondaires sont en France au nombre de 3,59 millions. Il apparaît que les inactifs ne sont pas les plus importants détenteurs de résidence secondaire (47 %), mais les actifs (53 %). Par ailleurs, les professions aisées sont moins nombreuses (22 %) que les catégories socio-professionnelles caractéristiques des « classes moyennes » (31 %), sans pouvoir connaître le détail des catégories d'origine des retraités propriétaires ou multirésidents (42 %), même s'il y a sans doute une grande déformation entre Paris et le reste de la France en la matière.

Cerise sur le gâteau, Bercy demande depuis cette année à tous les propriétaires de France de déclarer toutes leurs possessions immobilières avant le 30 juin 2023 et de renseigner si et à qui les biens sont loués. Si un propriétaire de centre-ville oublie de déclarer qu'il habite son propre bien, il risque de payer la taxe sur les logements vacants.

Que faire ? Il est urgent de considérer, tout simplement, les propriétaires comme des citoyens comme les autres qui eux aussi sont touchés par l'inflation et penser à mettre en place un bouclier fiscal local qui permettrait qu'on ne puisse pas payer un pourcentage exorbitant de ses revenus en fiscalité foncière locale.

Chapitre 17

Les riches tricolores, toujours les plus taxés d'Europe

Le premier quinquennat d'Emmanuel Macron a vraiment commencé par le sujet de la fiscalité des « riches ». L'ISF a été modifié en IFI, le PFU (Prélèvement forfaitaire unique) à 30 % a été instauré… le président y a gagné une réputation de président des riches. Pourtant, nos riches sont toujours les plus taxés d'Europe. Et la taxation du capital en France n'a pas baissé dans le PIB. France Stratégie le dit dans une étude : « L'ensemble des prélèvements sur les ménages et les entreprises au titre d'une détention, d'un revenu ou d'une transmission de patrimoine, s'établit en 2020 au même niveau qu'en 2017[1]. »

Cette étude montre que la part de prélèvements sur le capital dans le PIB s'élève en France à 10,7 %, 2,5 points au-dessus de la moyenne de la zone euro, ce qui fait que les impôts sur le capital coûtent en France en moyenne plus de 50 milliards de plus par an que dans les autres pays de la zone… La baisse n'a donc pas été si folle que cela.

1. Comité d'évaluation des réformes de la fiscalité du capital – Actualisation des données, France Stratégie, octobre 2021.

Il en va de même pour les revenus du capital : les dividendes ou les plus-values mobilières ne sont pas taxés en Allemagne à 30 % mais à 26,4 %. Les plus-values ne sont même pas du tout taxées en Belgique…

Quant à l'IFI, ex-ISF, l'Autriche l'a supprimé en 1993, le Danemark en 1995, l'Allemagne en 1997, les Pays-Bas en 2001, la Finlande en 2006, la Suède en 2007… et tous ces pays ne comptent pas plus de chômeurs que nous mais au contraire, plus de richesse par habitant : 39 000 euros en France contre 46 000 en Allemagne, 48 000 euros en Autriche ou en Finlande, 52 000 en Suède et 63 000 au Danemark. Taxer plus les riches ne rapporte clairement pas aux pauvres.

La haine des riches est bien intégrée en France. Cette haine est bien ancrée, martelée, elle est même financée par nos deniers publics : sur l'exercice 2018-2019, par exemple, Oxfam a reçu plus d'un million d'euros de subventions publiques pour sortir tous les deux ou trois mois un rapport disant en gros que les riches gagnent trop et qu'il faut augmenter la pression fiscale. Et même, en janvier 2023, propose dans un rapport intitulé « La loi du plus riche » d'introduire une super-taxation pour diviser le nombre de milliardaires par deux, voire les « abolir ».

Mais au fait, qu'est-ce qu'un riche, en France ? Selon le rapport sur les riches de l'Observatoire des inégalités, on entre dans la catégorie des 10 % de Français les plus riches à partir de 3 328 euros par mois, et dans les 5 % encore plus riches à partir de 4 156 euros mensuels.

Alors, dans le champ du débat politique, on évoque désormais et le plus souvent les « 1 % », soit le percentile ultime des Français les plus aisés. Pour entrer dans ce club des « 1 % », il faut afficher 7 180 euros de revenu minimum par mois.

10 % des 1 % les plus riches sont des entrepreneurs employant dix salariés ou plus. Cela montre bien que si nous voulons garder nos entrepreneurs (et les emplois qu'ils créent), il faut garder coûte que coûte ce 1 % de riches français. Notons d'ailleurs au passage que les professeurs et les professions scientifiques sont en proportion plus nombreux que les entrepreneurs dans les 1 % : on en compte 14 % ! Et que les cadres de la fonction publique sont deux fois plus nombreux dans les 1 % en France que les agriculteurs, artisans ou professions libérales à 4 % contre 2 %[1]. Les 1 % de Français les plus riches sont donc une catégorie beaucoup plus diverse que ce que l'on veut nous faire croire et qui comprend bel et bien beaucoup de nos hauts fonctionnaires de Bercy, de l'Assemblée nationale ou du Sénat...

Quant aux 0,1 %, ce sont les plus conspués. On y rentre à partir de 17 538 euros par mois. Mais on n'y reste pas toujours. Une étude récente de France Stratégie montre que les ménages qui se trouvaient dans les 0,1 % les plus riches en 2017 ne sont que 50 % à y être encore en 2018.

Il y a quelque chose de malsain dans notre acharnement à regarder les 0,1 % (38 000 foyers), voire les 0,01 % (3 800 foyers) à la loupe en pensant naïvement que ce sont toujours les mêmes. Bernard Arnault, premier milliardaire de France, est particulièrement attaqué depuis des mois. L'homme d'affaires a donc dû rappeler, pendant la présentation des résultats annuels de son groupe que « l'empreinte fiscale totale, c'est-à-dire le cumul de l'impôt sur les sociétés, de la TVA et

---

1. Observatoire des inégalités, « Rapport sur les riches en France », 2022, p. 54.

des charges sociales de LVMH, est de plus de 4,5 milliards d'euros par an[1] », en France, alors que près de 90 % des productions du groupe sont vendues à l'étranger. À lui seul, le groupe LVMH rapporte en recettes fiscales deux fois plus que l'IFI !

Les 17 familles les plus « riches » de l'Hexagone représentent déjà, à elles seules, plus de 1,1 million d'emplois. Imaginez combien d'emplois représentent les 379 000 foyers que constituent les 1 % les plus riches ? Le sujet est-il de supprimer des riches ou de faire baisser la pauvreté ?

Haïr les riches n'est pas la solution, pas plus que faire partir de France des « bac + 5 » pour faire entrer des « bac – 5 ». Mais est-ce que cela n'arrange pas les politiques de laisser la suspicion planer, de faire des riches les boucs émissaires du décrochage de la France tout en leur conservant une pression fiscale record ?

---

1. Conférence de presse LVMH, janvier 2023.

Chapitre 18

Les non-résidents fiscaux sont rackettés

Il existe des Français résidant fiscalement en dehors d'Europe qui paient plus de 10 000 euros de CSG sur leurs revenus fonciers par an et qui n'ont pas droit au remboursement de leurs soins en France. Ils ont donc moins de droits que ce qui est ouvert aux étrangers nouvellement arrivés dans notre pays et n'ayant jamais payé d'impôts chez nous. En effet, les étrangers en situation illégale pouvant prouver qu'ils résident de façon stable en France et que leurs ressources ne dépassent pas 9 041 euros par an sont éligibles gratuitement à l'aide médicale d'État (AME). Ils ont aussi moins de droits qu'un étranger ayant travaillé en France quelques mois ou années et touchant une pension de retraite française, même de 20 euros. Ces derniers bénéficient, *de facto*, de l'assurance maladie.

Tout remonte au quinquennat de Nicolas Sarkozy. Souvenons-nous, en fin de mandat, la crise est passée par là, la dette a explosé et l'État cherche à remplir ces caisses. Alors ? On taxe tous azimuts. En août 2012, est instaurée l'imposition aux prélèvements sociaux des revenus du capital et pour les personnes domiciliées hors de France, il est instauré que ces prélèvements sociaux seront appliqués sur les revenus immobiliers (soit les plus-values immobilières et les revenus fonciers).

Une mesure passée à la va-vite pour obtenir des encaissements le plus rapidement possible. Problème : cette taxation est contraire au droit de l'Union européenne.

Ainsi, la mesure est remise en cause dès 2015 par la Cour de justice de l'Union européenne dans sa fameuse décision de Ruyter. Selon cet arrêt, les personnes affiliées à un régime de Sécurité sociale dans l'un des pays de l'Union ne peuvent être assujetties en France à des prélèvements sociaux sur leurs revenus du patrimoine et leurs produits de placement dès lors qu'ils sont destinés au financement de la Sécurité sociale française. En gros, pas le droit de taxer des contribuables installés dans l'Union pour financer un système de santé auquel ils n'ont pas accès.

Cette décision de justice a entraîné le remboursement des prélèvements sociaux indûment acquittés en France entre 2012 et… 2016 ! Et cela a coûté fort cher : 456 millions d'euros en 2015, 200 millions en 2016 et 100 millions en 2017.

L'État a tenté de ruser et a fini par obtempérer dans le budget 2019 et reconnaître (enfin !) que les personnes, fiscalement domiciliées en France ou non, relevant d'un régime de Sécurité sociale au sein de l'Union européenne ou de Suisse seront exonérées de CSG et CRDS sur leurs revenus du patrimoine et sur les produits de placement. Une exonération accordée de (très) mauvaise grâce, comme l'explique, à l'époque, le rapporteur général de la commission des affaires sociales, Olivier Véran : « À titre personnel, ce n'est pas de gaieté de cœur que je le voterai, car il se traduit par une perte de recettes de 180 millions d'euros. » Finalement, cette « perte » a été compensée par un prélèvement social de solidarité de 7,5 % dû sur leurs revenus du patrimoine par les Français résidant fiscalement dans un autre pays de l'Union européenne, de l'espace économique européenne ou de la Suisse.

Mais ça, c'est seulement pour les résidents européens affiliés à un régime de Sécurité sociale européen. Car les grands oubliés sont les résidents des États tiers à l'Union qui restent soumis à un traitement différent et sont toujours soumis à une CSG-CRDS à 17,2 %.

Les gagnants de ce micmac fiscal ? Probablement les conseillers fiscaux des Français installés à l'étranger.

Aux amendements déposés de manière incessante par les députés de l'étranger de la majorité qui pointent du doigt l'iniquité devant l'impôt, que répond le gouvernement ? Qu'il ne peut rien pour les Français de l'étranger qui ne résident pas dans l'UE car s'il devait les exonérer de CSG-CRDS, alors il devrait le faire aussi pour les ressortissants non français qui possèdent des biens fonciers en France. Et que cela coûterait des milliards à la France. Ubuesque lecture du principe de réciprocité.

Quant à l'IFI, si leurs biens immobiliers dépassent 1,3 million d'euros en valeur, les Français expatriés doivent aussi le payer... alors que les ressortissants du Qatar, par exemple, sont exonérés « si leur fortune constituée par des biens immobiliers situés en France [...] est inférieure à la fortune mobilière qu'ils détiennent dans ce même État ».

La France, ce doux pays où on traite fiscalement mieux les étrangers (riches ou pauvres) que les Français.

Partie II

Le scandale des milliards de dépenses et des services publics à l'agonie

Art. 14. Tous les citoyens ont le droit de constater, par eux-mêmes ou par leurs représentants, la nécessité de la contribution publique, de la consentir librement, d'en suivre l'emploi, et d'en déterminer la quotité, l'assiette, le recouvrement et la durée.

Art. 15. La société a le droit de demander compte à tout agent public de son administration.

Déclaration des droits de l'homme et du citoyen du 26 août 1789

Note : comment sont financés et utilisés 1 000 euros de dépenses publiques ?

1 000 euros de dépenses publiques se répartissent comme suit*[1] *:

223,3 euros pour les retraites (protection sociale) ;

157,3 euros pour le système de santé ;

117,3 euros pour les affaires économiques ;

97,4 euros pour les services généraux des administrations publiques ;

50,7 euros pour les dépenses de maladie et d'invalidité (protection sociale) ;

89 euros pour l'enseignement ;

38,6 euros pour les dépenses d'assurance chômage (protection sociale) ;

37 euros pour la famille (protection sociale) ;

30,4 euros pour la défense ;

29 euros pour l'ordre et la sécurité publique ;

27,4 euros pour les dépenses de protection sociale additionnelles (reste protection sociale) ;

25 euros pour les aides contre l'exclusion sociale (protection sociale) ;

---

1. En ne prenant en compte que les taxes et cotisations représentant plus de 1 euro.

24 euros pour les loisirs, la culture et les cultes ;

21,4 euros pour le logement et les équipements collectifs ;

17,7 euros pour la protection de l'environnement ;

14,5 euros pour les aides au logement (protection sociale) ;

Il faut retenir que les rémunérations des fonctionnaires pèsent pour 22,1 % des dépenses publiques, les dépenses de fonctionnement pour 8,7 %, les dépenses d'investissements pour 6 % et la charge des intérêts de la dette pour 2,5 %.

Dépenses folles…

Chapitre 19

Le scandale du carnet de chèques 1,6 milliard par semaine en 2022

Entre 2017 et 2022, les dépenses publiques n'ont jamais autant dérapé : en moyenne, par rapport à ce qui avait été voté, c'est + 43 milliards d'euros par an ! Beaucoup plus que sous Nicolas Sarkozy avec une hausse de 36 milliards par an ou sous François Hollande avec une hausse de 17 milliards par an. Les gros chèques n'en finissent pas de se succéder ! La pire année étant clairement 2022 avec un dérapage – excusez du peu – de 82 milliards, soit 1,6 milliard par semaine de dépenses en plus, non planifiées et financées par la dette !

La France est devenue championne des chèques en bois. D'ailleurs, elle a inventé pour Noël 2022 le chèque « bois ». Une subvention à demander à l'État pour se chauffer au coin de la cheminée… pour un coût de 230 millions d'euros. En 2023, c'est la création du chèque « carburant », au coût attendu de 1 milliard d'euros, soit une aide de 100 euros à destination des 10 millions de Français qui prennent la voiture pour aller travailler et qui gagnent moins de 14 700 euros par an. Début février, faute d'une communication sur le sujet assez claire, seulement un bénéficiaire sur trois en avait fait la demande. Ces dispositifs s'inscrivent après le chèque « énergie » de 100 à 200 euros de 2022 et le bouclier tarifaire sur l'énergie (gaz, électricité, carburant) qui limitait l'augmentation des prix à 15 % maximum pour tout le monde.

Chèque inflation, chèque alimentation, chèque énergie, chèque de rentrée scolaire, la politique du chéquier bat son plein depuis la crise du Covid. Quand on entend les annonces, on a l'impression que les caisses publiques regorgent de milliards alors que c'est loin d'être le cas.

On pourrait croire que c'est en 2020 qu'on a le plus ouvert les vannes des finances publiques, mais il n'en est rien. Si on a dépensé cette année-là 70 milliards de plus que ce qui a été voté et 50 milliards en 2021, le plus gros dérapage a bien eu lieu en 2022 avec 82 milliards de dépenses, dont 70 milliards de mesures temporaires… En 2023, les chèques et nouvelles dépenses devraient se porter encore à 60 milliards répartis entre les ménages et les entreprises. Déjà avant le Covid, le gouvernement dégainait le chéquier facilement : par exemple, pour calmer la colère des Gilets jaunes.

En 2022, pendant la campagne présidentielle, c'était même un festival d'annonces : renouvellement du chèque énergie pour 5,8 millions de ménages (600 millions d'euros), rallonge de 2 milliards d'euros pour MaPrimRénov', création d'un fonds de 300 millions d'euros pour les harkis, construction de « plusieurs milliers de terrains de basket », de dojos, de skateparks, de piscines. Au paroxysme de la campagne, en quinze jours, on a pu compter entre 5 et 7 milliards d'euros d'annonces.

Du jamais-vu : Bercy ne va pas assez vite pour intégrer tous les chèques à temps dans le budget ! Le contrat d'engagement pour les jeunes, par exemple (500 euros pendant toute la durée de leur accompagnement pour 500 millions), n'était même pas compris dans le projet de loi de finances, il a été ajouté par amendement. Résultat, les chiffres du budget 2023 présentés en septembre étaient « provisoires ».

La dernière revue du Fonds monétaire international de novembre 2022 sur la France a pointé le danger de cette politique du chéquier et le chef de mission du FMI pour la France, Jeffrey Franks, a estimé lors d'une conférence de presse qu'« il est temps d'arrêter le "quoi qu'il en coûte" ». Il souligne dans son rapport que « les mesures mises en œuvre en 2021-2022 ont représenté au total plus de 2 % du PIB » et cible les annonces suivantes : « gels des prix du gaz et de l'électricité (bouclier tarifaire), transferts monétaires aux ménages (chèque énergie, indemnité inflation), remise sur le prix des carburants (remise carburant), et soutien aux entreprises ».

Le FMI craint que la France ne reste, jusqu'en 2027, dans des niveaux de déficit stratosphériques. Il propose en conséquence des économies sur les dépenses publiques. Jeffrey Franks a insisté enfin sur la nécessité de « clarifier qui s'occupe de quoi » entre gouvernement et collectivités locales, afin de limiter la « duplication des dépenses entre gouvernement central et gouvernements locaux » – la question des doublons, jamais résorbée, est donc de retour. Gageons que la revue des dépenses lancée par Bercy en 2023 portera sur le sujet.

À plus long terme, le déficit français devrait rester au-dessus du niveau auquel il stabilise la dette, s'inquiète aussi le FMI (soit – 4,1 % du PIB en moyenne entre 2023 et 2027) qui appelle à « un ajustement soutenu » pour ramener les comptes quasiment à l'équilibre d'ici à 2030 et ce, en s'appuyant sur la réduction de la croissance des dépenses courantes, notamment celles liées à la pandémie et la crise énergétique.

Adieu les chèques à gogo et bonjour les économies ? On aimerait y croire...

Chapitre 20

Le scandale dans le scandale : personne ne contrôle nos 1 500 milliards de dépenses

« Mais heureusement, il y a la Cour des comptes ! » Quasiment tous les citoyens de France pensent que c'est elle qui est chargée d'auditer l'efficience des dépenses publiques de notre pays alors que c'est faux, elle en contrôle surtout la légalité. La plupart de ses recommandations portent d'ailleurs sur des questions de réglementations, de procédures mais pas sur des mesures d'économies[1]. Par exemple ? Conseiller à la mairie de Saint-Malo de faire un tableur pour gérer la rénovation de ses nombreux biens historiques, ou améliorer l'accès à l'ouverture d'un compte bancaire pour les personnes en difficulté... Mais si on cherche des informations sur les administrations ou collectivités qui auraient appliqué les recommandations de la Cour et réalisé des économies, on ne trouve rien. Le rapport de suivi des recommandations de la Cour, publié en mai 2022, redit clairement que 80 % des recommandations de la Cour sont complètement ou

1. La Cour excelle dans les constats, mais pas tellement dans les préconisations. Elle ne dispose même pas de ses propres bases de données.

partiellement mis en œuvre. Comment se fait-il, dès lors, que la France soit dans une situation financière aussi catastrophique ?

En réalité, l'opportunité des dépenses n'est que très rarement contestée, elle relève du pouvoir politique.

Outre-Manche, l'équivalent de notre Cour des comptes, le National Audit Office (NAO), un organisme indépendant, est mis à disposition du Parlement depuis 1983. Tous les ans, il livre le montant de ce qu'il a fait économiser au Royaume-Uni, soit 9 milliards d'euros depuis 2010. Cela sans compter l'autocensure des administrations qui savent qu'un vrai contrôle de leurs dépenses est effectué. En plus, une commission parlementaire travaille directement avec le NAO : le Public Accounts Committee (PAC), qui est chargé de contrôler les dépenses publiques et peut convoquer au Parlement les ministres pour les interroger sur leur gestion publique et leurs dépenses. Et cela fonctionne. Quand des recommandations sont émises par le NAO, les ministres doivent écrire au Parlement pour dire ce qu'ils comptent en faire. Bref, au Royaume-Uni, il existe un véritable travail de contrôle de l'utilisation de l'argent public mené en tandem et parfois considéré comme du harcèlement par les ministres mais c'est ce qui fait que l'équilibre de pouvoirs est respecté.

En France, les réponses fournies par les administrations aux observations de la Cour ne sont quasiment jamais exploitées par le Parlement.

Où sont les comptes détaillés de la Cour des comptes ? Où est son bilan social ? Et finalement, qui contrôle vraiment la Cour des comptes elle-même ? On a beaucoup critiqué l'utilisation des deniers du budget du Parlement ces dernières années, et souvent à juste titre, pour les indemnités représentatives de frais de mandat (IRFM) ou des frais de collaborateurs ou des rémunérations sans limites des agents du Parlement (administrateurs, assistants de direction et de gestion, et agents).

Mais pour la Cour des comptes, il est encore moins possible d'obtenir des informations – même si sur son site, la Cour insiste pour dire qu'elle est contrôlée elle-même par la représentation nationale : « La Cour fait elle-même l'objet de différents contrôles : comme pour toute institution financée par l'argent public, l'Assemblée nationale et le Sénat votent le budget de la Cour dans le cadre des lois de finances. Le Parlement vérifie également que ses dépenses respectent les autorisations budgétaires accordées ; les dépenses de la Cour sont soumises au contrôle budgétaire et comptable ministériel (CBCM), sous l'autorité du ministère chargé du budget. »

En clair, personne en France ne contrôle en détail les finances de la Cour des comptes.

Pour s'exempter de toutes critiques, l'institution a demandé, elle-même, en 2021, à être auditée « par ses pairs », et c'est justement le NAO britannique qui s'en est chargé. Celui-ci souligne n'avoir vu aucun exemple de publication de la Cour des comptes sur l'impact financier de ses travaux, contrairement à ce qu'ils font de leur côté. Il souligne aussi qu'il est essentiel que le travail de la Cour ait un effet réel, et que le Parlement reprenne ses recommandations. Sur ce sujet, le NAO n'ose même pas formuler de recommandations tellement les fonctionnements français et britannique sont aux antipodes.

D'ailleurs, à chaque fois qu'un président de l'Assemblée nationale tente de renforcer le pouvoir de contrôle du Parlement, il ne se passe rien. Ou plutôt si, il se passe des choses au début comme en 2017, quand le Premier ministre avait proposé à l'Assemblée nationale la tutelle de France Stratégie pour que les députés aient les moyens de faire des évaluations indépendantes. Une proposition refusée par l'organisme qui a préféré rester abrité dans les services du Premier ministre. La même chose s'était passée en 2008 quand le gouvernement voulait créer un organe d'audit auprès du Parlement. Alors c'était la Cour des comptes qui était montée au créneau pour ne pas être « doublonnée ».

La Cour des comptes craint à la fois de devoir travailler pour le Parlement et que le Parlement développe un organe concurrent. Ce qu'elle souhaite, c'est rester à équidistance du Parlement et du gouvernement. Bref, on dépense, on dépense mais on n'avance pas d'un iota pour contrôler la dépense et la Cour est finalement, en quelque sorte, complice de cette situation. Le fait que de nombreux magistrats de la Cour fassent de la politique ou puissent se retrouver à diriger d'autres institutions n'aide sûrement pas...

Prenons un exemple. En 2021, la Cour des comptes sort un rapport sur la RATP, dans lequel il n'est pas proposé d'en finir avec les embauches sous régime spécial des agents (comme cela se fait déjà à la SNCF). Et maintenant, c'est un ancien de la Cour des comptes, Jean Castex, qui se retrouve à la tête de la RATP.

Autre anecdote amusante : au moment du débat sur l'avenir de l'hôtel de la Marine, la Cour des comptes avait lorgné ce bâtiment mieux placé et plus prestigieux et se plaignait d'être mal installée rue Cambon. Un caprice qui aurait coûté 250 millions d'euros.

Pourquoi la Cour ne montre-t-elle pas l'exemple ? Pourquoi ne fait-elle pas de recommandations claires sur les milliards d'économies à réaliser ? Pourquoi ne se prononce-t-elle pas vraiment sur la réforme des retraites ou la comparaison des coûts entre enseignement privé et public ? Pourquoi ne produit-elle pas de rapport sur les déficits publics cachés des retraites ? Pourquoi ne fait-elle pas d'études sur les écarts d'absentéisme entre agents statutaires et contractuels ?

Des questions qui restent en suspens et auxquelles personne, y compris au sein même de la Cour, ne semble avoir de réponse. Pourtant, l'heure est trop grave pour rester complice des scandaleux gaspillages de l'argent des Français que nous avons tous les jours sous les yeux. Pour l'instant, la seule piste tangible d'économie sur les dépenses semble être celle d'un coup de rabot de 5 % par ministère... Preuve qu'il n'y a pas d'évaluation pour guider l'exécutif dans son urgente recherche d'économie.

Chapitre 21

Le scandale des aides sociales qui alimentent l'assistanat

La France est le paradis des aides sociales. Quel autre pays peut se targuer d'une soixantaine d'aides sous critères de ressources différentes ? Un foisonnement qui ne peut laisser l'observateur insensible tant les enjeux budgétaires sont colossaux : 17 milliards d'euros pour les APL et les prestations logement, 11 milliards pour le RSA, 10 milliards pour l'allocation adulte handicapé (AAH), 9 milliards pour la prime d'activité... Le total des aides dépasse les 125 milliards d'euros par an. C'est presque 5 points de notre richesse nationale. Cela équivaut au cumul des budgets accordés au ministère de l'Éducation nationale, de l'Enseignement supérieur et de la Recherche et de l'Intérieur en 2021.

Mais c'est surtout l'impact de cette abondance d'aides qui doit interpeller car, en cas de cumul important, il peut se révéler désincitatif au travail. C'est ce dont a témoigné un couple de jeunes parents, handicapés, dont l'un des deux se lève, tous les matins, pour aller travailler. Il confie qu'un couple d'amis souffrant tous les deux du même handicap que lui et sa compagne le nargue régulièrement sur son choix de vie puisque, eux, en se déclarant parents isolés et en cumulant les aides, se retrouvent avec 4 500 euros par mois non imposables. Soit autant que lui.

Cela rappelle le débat assez vif qu'avait déclenché Éric Ciotti, fin 2022, en publiant un décompte réel des allocations qu'une famille de douze personnes (dont dix enfants de moins de 19 ans) a touché de la CAF du Bas-Rhin pour le mois d'août 2022. Total du versement : 5 789 euros, dont 1 200 euros de RSA, 450 euros d'APL, 1 850 euros d'allocations familiales et 1 950 euros de prime de rentrée scolaire. Certes, cette dernière n'est versée qu'une fois par an, mais face à un montant aussi important, on peut légitimement se demander si l'aide incite vraiment ses destinataires à travailler de nouveau… en tout cas en étant déclarés. C'est tout le problème d'un système français de soutien aux populations éloignées du travail qui a perdu le sens de la mesure.

Certains allocataires du RSA vont même jusqu'à se plaindre du montant de l'allocation et expliquent benoîtement qu'ils sont obligés de… travailler de manière non déclarée pour vivre décemment. On croit rêver. Et cela se transmet de génération en génération. En effet, selon la Dares, la moitié des Neet, ces jeunes entre 15 et 25 ans sans formation et sans emploi, qui sont sortis de leur formation initiale, ont au moins un parent chômeur ou inactif.

En septembre 2022, en marge de la fête de l'Humanité, c'est même Fabien Roussel, secrétaire général du Parti communiste, qui met les pieds dans le plat : « La gauche doit défendre le travail et le salaire et ne pas être la gauche des allocations, minima sociaux et revenus de substitution », « le sujet n'est pas d'augmenter les minima sociaux mais de sortir des minima sociaux » et surtout « les Français nous parlent d'assistanat en nous disant qu'ils travaillent et que [les bénéficiaires de minima sociaux] ne travaillent pas ». Des déclarations qui ont fait couler beaucoup d'encre alors que les Français rejoignent largement ce constat. Début octobre 2022, un sondage exclusif des *Échos* concluait que pour 65 % des Français, il y a trop d'assistanat en France et que « notre modèle social a trop d'effets pervers et n'encourage pas les efforts »[1].

Et pourtant, quand on ose émettre l'idée que sur les 2 millions de personnes au RSA, certaines doivent bien être employables, on rencontre un mur.

Le problème ? Beaucoup ont oublié qu'en face des aides, il doit y avoir des devoirs. Notamment celui de retourner au travail quand on le peut... et cela même si l'écart avec les aides sociales est faible, voire nul. Car ce sont bien les cotisations et impôts générés par ce travail qui permettent de financer la solidarité nationale. Or, on constate qu'une partie des allocataires ne joue pas le jeu et optimise les aides sociales comme si cela était un dû. Une absence de devoir vis-à-vis de la société qui devient de plus en plus problématique.

Et ce d'autant plus que seulement 40 % des bénéficiaires du RSA soumis aux droits et devoirs sont inscrits à Pôle emploi, les 60 % restants ne l'étant pas.

Pourtant, dans son volet accompagnement, le RSA est censé fonctionner selon une logique de droits et devoirs puisque le bénéficiaire doit s'engager à réaliser des démarches en vue de son insertion professionnelle et sociale. Sauf qu'en réalité, le retour à l'emploi des bénéficiaires du RSA est particulièrement faible :

1. Selon un sondage Elabe pour *Les Echos*, Radio Classique et l'Institut Montaigne, 6 octobre 2022.

seulement 3,9 % d'entre eux renouent avec l'emploi par mois selon la Cour des comptes.

Le RSA est devenu un revenu social sans contrepartie et qui ne mène nulle part car sept ans après leur entrée dans le RSA, 42 % des bénéficiaires y sont encore et un quart des bénéficiaires sortent du dispositif pour aller vers... l'allocation adulte handicapé. Depuis les années 1990, le nombre de bénéficiaires de l'AAH a ainsi doublé pour atteindre 1,2 million. La moitié d'entre eux ne travaillent d'ailleurs pas et ils n'ont même pas l'obligation de s'inscrire à Pôle emploi.

Qu'attend la France pour mettre en place une politique anti-assistanat d'accompagnement pour le retour à l'emploi inspirée d'une vraie logique de « droits et devoirs » ? C'est dans cet esprit qu'il faut revoir les conditions de versement, a minima, du RSA et de l'AAH et plus largement de tous les minima sociaux (prime de rentrée scolaire, etc.).

Pour assurer le retour à l'emploi des allocataires de minima sociaux, le gouvernement français teste, dans dix-neuf départements, le principe d'heures de travail en contrepartie du RSA. Une expérimentation très timide alors que ce qui marche ailleurs en Europe, ce sont les sanctions quand le devoir de base envers la société – travailler quand on en a l'opportunité – n'est pas respecté. Une autre étape cohérente serait de plafonner au niveau du smic mensuel le cumul des aides sociales touché par un foyer et cela, quel que soit le nombre d'enfants à charge.

Chapitre 22

Le scandale des retraites des agents publics... financées par nos impôts

On croit naïvement en France que les pensions sont équitables entre les salariés du public et du privé, mais il n'en est rien. Ce n'est pas parce que l'âge de départ à la retraite est le même sur le papier que les pensions sont les mêmes à l'arrivée pour des carrières identiques. Au contraire ! Comment croire qu'il est identique de calculer la pension sur les six derniers mois (fonctionnaires) ou sur les vingt-cinq meilleures années (caisses nationales d'assurance vieillesse pour le privé) et l'ensemble de la carrière (retraites complémentaires) ? Et l'on ne parle pas des primes des agents qui ne sont pas comprises dans ce calcul puisqu'elles ne sont pas soumises à cotisations.

45 milliards d'euros des « cotisations employeur » de l'État et des employeurs publics sont en réalité des subventions payées avec les impôts des Français. Chaque ménage imposable paie ainsi chaque mois autour de 200 euros pour financer les pensions surdotées de nos agents. Surdotées parce que si on appliquait les règles en vigueur pour le privé, cela entraînerait automatiquement une baisse de pension de 21 % en moyenne.

En clair : avec les règles de la fonction publique, la retraite moyenne annuelle de notre échantillon public est de 27 847 euros tandis qu'elle ne serait que de 21 975 euros avec les règles du privé.

Le mode de calcul des pensions publiques est donc beaucoup plus généreux que celui des pensions privées et, étrangement, ce sujet ne revient jamais sur la table quand on fait les réformes des retraites.

Par ailleurs, faut-il s'étonner que la réforme dite Touraine, passée sous le mandat de François Hollande, ait été une réforme sur l'allongement de la durée de cotisations et non sur l'âge ? Non, car une réforme sur le nombre de trimestres favorise les agents publics étant donné que ces agents ont des carrières plus complètes que les salariés du privé car ils bénéficient de… l'emploi à vie ! Et nombre de ces agents bénéficient de trimestres de retraite bonifiés ou offerts : bonification de dépaysement pour les services civils rendus hors Europe, bonification pour le service militaire, bonification accordée aux professeurs d'enseignement technique, etc. Il y a aussi des trimestres offerts quand on est titulaire d'une thèse, par exemple, et que l'on est enseignant-chercheur, des trimestres que l'on peut racheter peu cher pour la période d'études… Malgré tout, les informations restent très floues car il n'y a pas de caisse de pension des agents de l'État et donc pas de statistiques vraiment fiables. À titre d'illustration, les données du service de retraite de l'État, qui n'est qu'une simple direction de Bercy, sont loin d'être aussi complètes que celles de la Caisse nationale de retraite des agents des collectivités locales et hospitaliers qui fournit chaque année un annuaire statistique. Ainsi, il est quasiment impossible de connaître le détail des dépenses de solidarité du principal régime de retraite public – celui de l'État – dont les dépenses s'élèvent à 55 milliards d'euros !

Malgré le nombre de structures censées évaluer la solidité du système de retraite : Conseil d'orientation des retraites, Comité de suivi des retraites, France Stratégie, les rapports spéciaux des commissions des affaires sociales de l'Assemblée et du Sénat, la Cour des comptes, le conseil d'analyse économique, la DG Trésor, etc., la situation nette de notre système de retraite est toujours dans le flou. Le principal outil qui devrait nous permettre d'y voir clair est le rapport annuel du Conseil d'orientation des retraites (COR), mais les prévisions des régimes sont exprimées selon quatre scénarios de productivité et au moins trois scénarios de chômage. Il existait jusqu'à encore récemment trois conventions de présentation des résultats. Le tout n'étant jamais exprimé en milliards d'euros mais en points de PIB. N'en jetez plus !

Les communiqués de presse insistent d'ailleurs plus sur le niveau de dépenses de retraites qui suit « une dynamique contenue », mais oublient de dire qu'avec 14 % du PIB consacrés aux retraites, la France est le troisième pays de l'OCDE qui consacre autant pour les pensions, derrière l'Italie et la Grèce, loin devant l'Allemagne à 10 % du PIB.

Quant au solde ? Il est trompeur car s'appuyant uniquement sur les déficits qui ne sont pas couverts par l'État, les collectivités locales ou les hôpitaux. En clair, les pertes affichées par le COR ne prennent en compte que les déficits des régimes des salariés privés. Mais si on réintègre ceux des régimes publics, alors le déficit réel de notre système de retraite serait plus proche de 43 milliards d'euros (soit presque 2 % du PIB) en 2020. Et les deux tiers de ce déficit global sont imputables aux régimes de fonctionnaires. La même estimation pour 2019 aurait conduit à un déficit de 29 milliards d'euros (déjà 1,3 % du PIB), soit 40 % du déficit public de la France de cette année-là !

Autre opération transparence qu'il serait bon de mener : dire la vérité sur ces cotisations retraite du privé qui n'ouvrent pas de droits à retraite en face. Par exemple, dans le principal régime de retraite complémentaire des salariés du privé, Agirc Arrco, sur environ 77 milliards d'euros de cotisations en 2021, seuls 61 milliards ouvrent des droits à pension alors que le reste, soit plus de 16 milliards d'euros, sert à équilibrer les comptes du régime. À cela s'ajoutent des similicotisations sur vos bulletins de salaire comme la contribution d'équilibre technique (CET) qui, pour 2021, représente 900 millions d'euros, ou encore la contribution d'équilibre général (CEG), qui représente 13 milliards[1].

Des anomalies subsistent ailleurs, elles sont bien cachées et ne sont pas concernées par la réforme 2023 des retraites.

On peut penser, par exemple, au régime spécial du personnel de l'Assemblée nationale. Le financement des pensions des 1 334 retraités du régime doit être complété par une subvention d'équilibre de 36 millions d'euros. Cela pour une pension moyenne mensuelle de plus de 3 000 euros. Les particularités de ce régime ? Un très discret rapport de 2018[2] pointait du doigt que

1. On retrouve partout cette entourloupe. Ainsi, les Français paient la CTA sur leurs factures d'électricité qui sert à financer le régime des électriciens et gaziers à hauteur de 1,7 milliard d'euros ou encore la taxe sur les alcools qui vient financer le régime de base des exploitants agricoles à hauteur de 2,9 milliards d'euros.

2. Rapport au président de l'Assemblée nationale, « Quelle admnistration parlementaire en 2022 ? », 16 mai 2018.

les fonctionnaires réunissant au moins quinze années de service peuvent partir en retraite avec jouissance immédiate d'une pension proportionnelle. Un mécanisme dérogatoire au droit commun que rien ne justifie et qui peut conduire l'Assemblée nationale « à verser pendant plusieurs dizaines d'années une pension cumulable avec un revenu d'activité ». Les fonctionnaires de l'Assemblée de plus de 55 ans, à l'exception des cadres, peuvent aussi travailler à mi-temps, pendant cinq ans, avant leur retraite tout en percevant 80 % du traitement de base et des primes fixes. Royal. Et payé par nos impôts.

Chapitre 23

Le scandale de la charge de la dette qui explose

Combien de Français savent que la dette a un coût ? En gros, pour emprunter 10 milliards sur dix ans, la France paie seulement les intérêts pendant la période et elle ne rend les 10 milliards qu'à la fin de la dixième année. Sauf que, comme la France ne peut jamais rembourser, à la fin, elle doit réemprunter pour rembourser. Et ainsi de suite. On appelle ça « faire rouler la dette » – et c'est peut-être cela qui permet à de nombreux économistes de dire que la dette n'est pas un problème.

Ces intérêts, c'est la « charge de la dette », et en 2022, la facture devait être de 39 milliards selon ce qui avait été voté au Parlement. Ce sera finalement plus de 50 milliards à cause d'un dérapage lié à la part de dette indexée sur l'inflation... La charge de la dette est en effet en train d'exploser car les taux montent. Ils ont même dépassé les 3 % à dix ans en décembre 2022, du jamais-vu depuis 2012.

Bref, il existe un risque réel de crise de la dette, qui pourrait déboucher sur des impôts exceptionnels et le blocage des assurances-vie.

Quand on se permet l'outrecuidance de tirer la sonnette d'alarme sur la charge de la dette, on nous dit qu'on a tout faux. Et même qu'elle va être de plus en plus légère car elle augmenterait moins vite que la richesse nationale et les recettes publiques.

Le taux d'emprunt moyen du stock de dette publique est aujourd'hui faible, à 1,2 %. C'est le résultat d'une très forte baisse des taux des banques centrales, initiée par la Banque centrale européenne (BCE), pour faire face aux crises (subprimes, crise des dettes publiques, puis Covid). Ce temps-là est révolu. Pour limiter les hausses des prix, la BCE a encore remonté ses taux en février 2023 à 3 % et pourrait aller au-delà. Ce qui changerait beaucoup de choses sur le poids annuel de la charge de la dette française. Si les taux sur la dette à dix ans dépassent les 4 %, la charge de la dette va grimper au-delà des 100 milliards à l'horizon 2027. C'est 3 % de notre richesse nationale. Si les taux montaient au-delà de 5 % à dix ans, la charge de la dette passerait à 159 milliards d'euros en 2027, soit 4,6 % du PIB. D'habitude très pudique sur le sujet, la Banque de France a elle-même alerté sur le fait que le coût annuel de la dette pourrait atteindre les 3 % du PIB à l'horizon 2032. Une vision qui reste optimiste.

Pourquoi une telle augmentation ? Car il y a un risque supplémentaire. 11 % de notre dette publique est indexée sur l'inflation (ce qui est très élevé en zone euro). À chaque fois que l'inflation prend un point, cela coûte environ 2 milliards d'euros de plus à nos finances publiques par an.

Dans le cas d'une augmentation du volume de dette indexée, la France pourrait même se retrouver avec une charge d'endettement singulièrement plus lourde… Dans ce scénario catastrophe, il est possible que la charge de la dette finisse par représenter plus de 5 % de notre richesse nationale en 2027. Autant dire que notre déficit public serait alors totalement hors de contrôle.

Forts de ces constats, préparons-nous à ce que la charge de la dette puisse atteindre, dès 2023, plus de 60 milliards en budgétaire. Et plus les années suivantes. La France serait alors en grande difficulté, quel que soit le niveau du déficit public. Il y aurait un risque de crise qui pourrait entraîner des ponctions sur l'épargne des Français, le blocage des assurances-vie, des créations d'impôts exceptionnels et des coupes dans les dépenses que nous n'aurions pas nous-mêmes choisies. Cela pourrait même aller, dans le pire des cas, jusqu'à une tutelle financière de la Commission européenne ou de la BCE de la France, car le risque pour l'union monétaire serait très élevé.

… et sans compter

Chapitre 24

Le scandale des congés bonifiés des agents publics dont on n'a pas le droit de connaître le coût

Quel employeur majore le salaire de ses employés en fonction de leur destination de vacances et paie les billets d'avion pour le conjoint et les enfants ? Vous !

Concrètement, jusqu'en 2021, les agents de la fonction publique originaires des DOM et travaillant en métropole, ou inversement, pouvaient bénéficier, tous les trois ans, d'un séjour d'une durée maximale de soixante-cinq jours consécutifs (samedi, dimanche et jours fériés inclus). Cette durée est égale à la durée des congés annuels (trente-cinq jours calendaires) plus la bonification (trente jours calendaires). Promise en 2017, une réforme sur le sujet a été validée à l'été 2020 et depuis, seuls les agents originaires des DOM et qui travaillent en métropole bénéficieront, tous les deux ans, d'un congé de trente et un jours maximum et d'un billet d'avion (pour eux et leurs enfants ainsi que pour leur conjoint si son revenu ne dépasse pas 18 552 euros brut par an). Le tout financé par l'employeur public. À souligner, tout de même, que le tarif le moins cher est demandé !

D'ailleurs, ces congés sont dits bonifiés car le fonctionnaire perçoit une majoration de salaire de 35 % pour la Réunion, 40 % pour la Guadeloupe, Saint-Barthélemy ou la Martinique pendant la durée de ses vacances pour compenser le coût de la vie sur place. Cette majoration peut même aller jusqu'à 84 % en Polynésie française ou 94 % en Nouvelle-Calédonie.

Au final, il n'est même pas certain que la réforme de 2020 réduise le coût annuel des congés bonifiés des trois fonctions publiques. Car des congés bonifiés tous les deux ans au lieu de tous les trois ans, cela fait, sur une carrière de quarante ans, passer le nombre de voyages bonifiés de treize à vingt par agent. D'autre part, pour bénéficier d'un congé bonifié, l'agent doit justifier de vingt-quatre mois de service ininterrompu alors qu'avant la réforme, c'était trois ans.

Certains agents qui n'étaient pas concernés le sont maintenant. En effet, pour la fonction publique d'État, le décret « ouvre de nouveaux droits aux congés bonifiés au bénéfice des agents publics de l'État en contrat à durée indéterminée et des agents de l'État ayant le centre de leurs intérêts moraux et matériels dans une collectivité d'outre-mer du Pacifique » (Wallis-et-Futuna, Nouvelle-Calédonie, Polynésie), qui étaient auparavant exclus de ce dispositif.

Mais le vrai scandale des congés bonifiés, c'est que leur coût est savamment caché et ce depuis des années !

Le montant de 570 millions d'euros donné dans le rapport d'information n° 1094 de l'Assemblée nationale en date de septembre 2003 est contesté… dans un rapport d'information n° 1949 de l'Assemblée nationale qui date de mai 2019 et qui propose de réajuster son coût à « 75 millions d'euros par an […], chiffre bien éloigné des 600 millions d'euros circulant sur le Net ».

Les députés signataires du rapport, Lénaïck Adam et David Lorion, jettent ainsi un voile pudique sur le fait que les 600 millions d'euros évoqués « sur le Net » et qu'ils jugent « fantaisistes » proviennent de... l'Assemblée nationale elle-même. Aux pages 33 et 35 du rapport de 2003, pour être exact.

D'où provient une telle différence ? Principalement d'une position implicite qui n'a pas été éclaircie par les rapporteurs en 2019 : jusqu'en 2020, les congés bonifiés concernaient aussi les métropolitains en service dans un département d'outre-mer. Mais il semblerait que cela ait été oublié dans le nouveau chiffrage de 75 millions. Alors même que la réforme n'était pas effective au moment du calcul.

S'agissant du nombre de bénéficiaires, pour les fonctionnaires originaires des DOM et servant en métropole, le rapport de 2003 les estime à 70 000, « très représentés dans certains services (police nationale, hôpitaux et mairies de la région Île-de-France) ». Un nombre qui a dû s'accroître encore avec le temps, puisque 5 % par an des 20-24 ans nés dans les DOM déménagent en métropole. Mais le rapport parlementaire de 2019 évoque désormais seulement 35 000 bénéficiaires dont 13 000 au niveau de l'État (avec en première position l'Éducation nationale qui finance 36 % des billets d'avion, suivi de l'Intérieur, et de la Justice, respectivement 20 %), 1 200 au niveau de la ville de Paris et 2 500 à l'Assistance publique-Hôpitaux de Paris (AP-HP). Notons qu'il n'existe aucun suivi de ces données pour la fonction publique hospitalière, ni dans la territoriale. Reste aussi l'inconnu du nombre de fonctionnaires civils métropolitains qui étaient concernés avant la réforme. On ne peut les dénombrer avec certitude mais les fonctionnaires d'État en poste dans les territoires ultramarins représentent près de 101 119 agents en 2021.

13 000 bénéficiaires pour l'État, 2 500 pour l'AP-HP donc. Des chiffres dont il faut douter quand on se penche sur les (rares) données budgétaires associées. Pour 2003, la seule AP-HP avançait un coût des congés bonifiés de 21 millions d'euros. En 2019, l'État n'arrivait à identifier, pour ses agents, que 25 millions d'euros. Comment expliquer que l'État, avec cinq fois plus de bénéficiaires, n'affiche un coût des congés bonifiés que de 4 millions supérieur à celui de l'AP-HP, seize ans plus tôt ?

Ces avantages financés par les contribuables et versés par les employeurs publics doivent être transparents. Aujourd'hui, ce sujet est totalement tabou mais une vraie transparence est possible. Il suffirait d'imposer une mention systématique du coût des congés bonifiés dans les bilans sociaux des ministères, des collectivités et des hôpitaux et leur publication exhaustive.

Chapitre 25

Le scandale de la RATP, de la SNCF et de la gêne occasionnée

La gréviculture, c'est l'ADN de la SNCF et de la RATP. Toutes deux 100 % publiques, elles font les affres des voyageurs français et étrangers... Et pour cause, la plupart des week-ends de départs en vacances sont désormais synonymes de mouvements de grève dans les transports.

En vingt ans, de 2002 à 2022, quatorze mois de décembre auront été rythmés par des mouvements de grèves à la SNCF. Pour le week-end de Noël 2022, 25 % des voyageurs avaient appris l'annulation de leur billet moins d'une semaine avant le départ. Des annulations qui ne figureront pas dans les statistiques sur les retards de trains de la SNCF puisque, si un train est annulé vingt-quatre heures en avance, il est considéré comme... n'ayant jamais existé. Ainsi, les trains et les métros annulés à cause des grèves mais annoncés comme ne circulant pas la veille avant 16 heures disparaissent des rapports sur la ponctualité dans les transports.

En 2019, année de négociation de la première réforme des retraites d'Emmanuel Macron, les salariés de la SNCF auront été soutenus par ceux de la RATP avec, pour la première fois, des journées « zéro métro, zéro RER » en décembre à Paris. Résultat : les deux entreprises représentaient 39 % des journées de travail perdues pour fait de grève du pays alors qu'elles ne comptent que 1,6 % des actifs.

Sans parler du coût de ces grèves : en 2019, 200 millions d'euros pour la RATP et 850 millions pour la SNCF. Et quelle perte pour l'économie française ? 300 millions d'euros par jour de grève.

Il apparaît que cette surreprésentation du secteur des transports a été rendue possible par de nombreux détournements des règles, notamment le recours abusif à des préavis de grève illimités. En novembre 2022, la RATP reconnaissait qu'une cinquantaine de ses salariés étaient en grève depuis cinq ans grâce à un préavis de grève illimité. Ces préavis de grève illimités permettent aussi de se mettre en grève de façon spontanée et de contourner ainsi l'obligation de présenter un préavis cinq jours avant la grève. Ainsi, le préavis de grève à la RATP pour le mouvement du 19 janvier 2023 date de… 2019 !

Le service minimum dans les transports est un leurre. Toujours en janvier 2023, la veille du lancement du mouvement de grève contre la réforme des retraites, Valérie Pécresse confiait : « Nous le savons, demain, le service minium ne sera pas respecté. » Un contrat existe bien qui oblige la SNCF et la RATP à assurer 50 % du trafic en Île-de-France pendant les heures de pointe… mais il n'y a aucune transparence sur le pourcentage de service réellement assuré les jours de grève, ni d'amende en cas de non-respect.

Mais pourquoi autant de grèves dans les transports ? Le premier sujet, ce sont les rémunérations. Pourtant, les agents de la SNCF sont, en moyenne, toujours plus augmentés que l'inflation. En 2022, par exemple, ils ont bénéficié d'une hausse de 5,8 % contre une inflation à 5,2 %. Côté RATP, la rémunération moyenne des salariés a progressé de 24 % entre 2012 et 2021, alors que l'inflation était évaluée à 7,8 % sur la période.

Le second sujet, c'est la défense des régimes spéciaux de retraite. Pourtant, les agents qui manifestent ne partiront jamais à la retraite à 64 ans, mais bien entre 54 et 59 ans puisque, à la SNCF comme à la RATP, seuls les nouveaux recrutés seront concernés par le recul de l'âge légal de départ – c'est ce qu'on appelle « la clause du grand-père ». Les régimes spéciaux ne disparaîtront qu'à partir de 2066. Le contribuable français a donc encore de longues années devant lui à devoir compenser le déficit de ces deux régimes très avantageux. Tous les ans, la subvention d'équilibre du régime de la SNCF est de 3,3 milliards d'euros et celle de la RATP de 737 millions. Soit 13 675 euros par retraité de la SNCF et 15 936 euros par retraité de la RATP. Et c'est nous qui payons. Les pensions sont très avantageuses : les nouveaux retraités de 2021 percevaient, en moyenne, 2 800 euros brut mensuel à la RATP et 2 442 euros à la SNCF. La Cour des comptes a même calculé que pour ceux qui ont pris leur retraite en 2017 après une carrière complète à la RATP, la pension moyenne était de 3 705 euros mensuels. Ce qui fait un taux de remplacement par rapport au dernier salaire de 88 % à la RATP, encore plus qu'à la SNCF où le taux de remplacement est de 73 %.

Même quand il n'y a pas grève, et même s'ils sont officiellement navrés pour la gêne occasionnée, le trafic est souvent perturbé.

Côté RATP, selon une enquête du *Parisien*, sur la ligne 8, mercredi 14 décembre 2022 au matin, il fallait, en moyenne, attendre près de 4 minutes entre chaque rame, quand le Syndicat des transports d'Île-de-France en exige une toutes les 2,20 minutes. En général, l'offre de régularité stagne entre 84 à 92 % de la normale dans le métro francilien. Depuis dix ans, les perturbations se multiplient : sur le RER B, aux heures de pointe, elles sont passées de 220 en 2012 à 612 en 2022 ; 79 % des incidents avaient comme origine l'organisation de la RATP-SNCF. En 2022, l'ex-présidente de la RATP, Catherine Guillouard, constatait qu'au sein de l'entreprise, le nombre de jours d'arrêts maladie avait doublé par rapport à 2019. Le nombre de jours d'absence cumulés des agents dépasse même le million depuis 2019. Le phénomène est tellement important que la direction de la RATP a dû mettre en place une prime de présentéisme à l'automne 2022 pour inciter les agents à n'être ni en absence sans solde, ni en arrêt maladie, ni en grève pendant trois mois !

Côté SNCF, ce n'est pas mieux : depuis 1954, les retards des trains ont été multipliés par dix en Île-de-France, par quatre pour les trains Grandes Lignes, et par deux pour les trains régionaux[1]. La ponctualité des trains Grandes Lignes puis des TGV est même passée de 97 % dans les années 1950 à 78 % en 2019. Au final, la France arrive onzième sur seize pays analysés, avec, en 2019, seulement 91 % de trains affichant moins de cinq minutes de retard à l'arrivée.

Bref, si vous avez l'impression de payer de plus en plus cher pour prendre les transports publics

---

1. Selon un rapport de l'Autorité de la qualité de service dans les transports (AQST) de février 2022.

(et pour financer les retraites avantageuses et déficitaires des salariés RATP/SNCF) pour avoir, en face, un service qui se dégrade, ce n'est pas qu'une impression.

Chapitre 26

Le scandale des 300 milliards de dépenses folles de personnel public

Clemenceau le disait déjà en son temps : « La France est un pays extrêmement fertile : on y plante des fonctionnaires, il y pousse des impôts. » Depuis, beaucoup de choses ont changé mais pas cela. La France compte toujours pléthore d'agents publics, soit une dépense de 300 milliards d'euros par an. En moyenne, entre 35 et 40 milliards d'euros de plus, par an, que dans le reste de l'Europe. En 2019, la France était ainsi à 12,3 % du PIB en dépense de personnels publics alors que la moyenne de la zone euro était de 10,9 %.

En réalité, cette dépense en plus pour payer nos agents publics représente une très grande part de nos surdépenses pour nous offrir nos services publics. En 2019, en partant des statistiques de l'OCDE, on voit que ces surdépenses nous coûtent 70 milliards d'euros, soit 26,6 % du PIB par rapport à une moyenne européenne de 23,8 % du PIB. Le surcoût des rémunérations publiques représente la moitié de ces milliards d'écart.

En France, les effectifs de la fonction publique représentent un emploi sur cinq, c'est beaucoup plus que tous les pays comparables, si on excepte la Suède.

Officiellement, fin 2020, la France employait 5,6 millions d'agents publics, soit 20 % de l'emploi total.

En 2017, le taux d'administration de la France[1] était élevé. Il se situait en effet à 91,1 agents publics pour 1 000 habitants, soit un niveau supérieur à celui du Royaume-Uni (77,9 ‰), de la Belgique (75,7 ‰) et des États-Unis (68,6 ‰). Quant à l'Allemagne et l'Italie, ils en comptent 60 ‰, tandis que la moyenne en zone euro est de 70,5 ‰. En clair, nous avons un écart de plus d'un million d'agents publics avec les Allemands et d'environ 700 000 avec les Britanniques. Ça, c'est pour la comparaison internationale.

On peut aussi identifier des départements où il y a beaucoup moins d'agents que dans d'autres. Par exemple, on compte plus de 100 agents pour 1 000 habitants en Haute-Vienne, en Martinique ou en Guadeloupe, mais moins de 60 agents pour 1 000 habitants en Haute-Saône ou dans l'Ain. En mettant de côté le cas de Paris qui concentre énormément d'administrations centrales, et si on choisit de s'aligner sur les dix départements dont le taux d'administration est le plus faible, on peut identifier 1 million de postes en trop dans la fonction publique. Dont 460 000 pour l'État, 325 000 pour les territoires et 234 000 pour les hôpitaux. Soit 40 milliards d'euros de surcoût annuel dépensés vers des fonctions inutiles, des mises au placard, voire des emplois semi-fictifs et des doublons.

Si l'on prend les dix départements de plus de 700 000 habitants qui sont les moins administrés, l'écart est alors de 600 000 agents. Soit environ 25 milliards de surdépenses de masse salariale.

---

1. Effectifs des administrations publiques rapportés à la population totale.

Une part de l'écart, en nombre de postes, par rapport aux autres pays vient des 35 heures. Si on revenait aux 39 heures, cela générerait automatiquement l'équivalent du travail de 400 000 à 500 000 agents.

Une autre part vient aussi du fait que nos agents partent beaucoup plus tôt à la retraite que dans les autres pays d'Europe. Environ 700 000 agents publics sont des « catégories actives » qui peuvent partir à la retraite entre 55 et 57 ans. Cela engendre un surcoût sur nos pensions publiques estimé à 3,3 milliards d'euros.

Enfin, une part de l'écart vient de l'absentéisme monstrueux de nos agents. Selon les derniers bilans sociaux consultables de 2020, le nombre de jours non travaillés en plus des congés et des RTT atteint dans certaines villes 69 par an pour les agents de la ville de Marseille, 41 à Nice et cela car, en plus de la maladie, avec le Covid, sont apparues des autorisations spéciales d'absences pour les agents. Et ce n'est guère mieux dans les conseils régionaux avec 59 jours d'absence en moyenne, par an et par agent, en Corse, 49 jours en Bourgogne-Franche-Comté ou 42 jours dans le Grand Est. Le coût annuel de l'absentéisme dans le public oscille entre 8 et 10 milliards d'euros par an. C'est le même coût que pour les salariés du privé alors que les fonctionnaires ne représentent que 20 % des actifs.

Bref, nous payons collectivement une quarantaine de milliards d'euros de trop tous les ans en masse salariale publique. Mais nous n'avons toujours pas le droit de parler de productivité dans les services publics... Quand pourrons-nous enfin faire le lien entre absentéisme et sur-effectif public ? Combien de fonctionnaires, aujourd'hui, ont un emploi fictif ? Ou sont payés à ne rien faire ou pour effectuer des missions insensées et finissent par déprimer et ne plus venir ?

Chapitre 27

Le scandale de la fausse suppression de l'ENA qui coûte 21 % plus cher !

Le scandale ici n'est pas la « fermeture » de l'ENA, mais plutôt le maquillage de l'augmentation de son budget en suppression de l'école. On a fermé un établissement qui coûtait 31 millions d'euros par an en subvention de l'État… pour en créer un nouveau quasi identique qui coûte 38 millions par an, soit 21 % plus cher !

C'est après la crise des Gilets jaunes, en 2019, qu'Emmanuel Macron avait promis d'en finir avec l'ENA, car l'école était devenue selon lui le symbole de la complexité et de la suradministration française, tout en conservant une grande opacité. Ce qui se voulait une « grande annonce » contre l'élite pour calmer le peuple en colère.

Qu'apprenait-on à l'ENA ? Pour avoir osé demander leurs cours aux jeunes énarques en formation, les équipes de la Fondation iFRAP avaient déclenché l'ire de la direction en 2016 et la promesse que ceux qui communiqueraient des informations sur le contenu des cours seraient sanctionnés.

Des généralistes transversaux mais pas des « faiseux ». « Sur les quatre-vingts élèves formés chaque année par l'ENA [...], un tiers va dans les corps d'inspection et de contrôle. [...] Nous avons aussi une difficulté que nous connaissons qui est constamment dénoncée : nous inspectons, vérifions, contrôlons des gens et des missions que nous n'avons pas faites », avait dénoncé alors le président de la République.

Contrôler ou conseiller ceux qui font sans pour autant prendre de risques. Pouvoir faire moult allers-retours entre public et privé, protégé par le statut à vie sans jamais connaître l'angoisse du chômage. Pouvoir, tout en restant haut fonctionnaire, faire de la politique sans démissionner alors que ce serait tout à fait impossible, notamment au Royaume-Uni où les hauts fonctionnaires ont un devoir de neutralité. Pouvoir gérer une administration sans jamais risquer non plus d'être sanctionné, voire en ayant la possibilité d'être promu... Avoir une rémunération (parfois plus élevée que celle du président de la République) tenue secrète alors que la liste des 172 hauts fonctionnaires qui gagnent plus que le Premier ministre britannique et leurs rémunérations est rendue publique outre-Manche.

Au moment de l'annonce de la suppression de l'école, cela faisait quatre ans que le budget de l'ENA était dans le rouge.

L'ancien directeur, Patrick Gérard, avait mis en place des réformes budgétaires drastiques pour sortir l'école fondée au sortir de la guerre de ses déficits. Notamment en augmentant les tarifs des formations continues et internationales, en réduisant les dépenses de fonctionnement et en récupérant les impayés des pays étrangers dont les cadres ont été formés par l'école. Ces efforts ont porté leurs fruits et en 2018, les comptes de l'ENA passaient à l'équilibre et étaient même excédentaires en 2019 et 2020.

Mais il semblerait que ces bonnes pratiques ne soient plus à l'ordre du jour pour la nouvelle école qui, finalement, remplace l'ENA (l'idée de suppression a été abandonnée entretemps), l'INSP, l'Institut national du service public, ouvert depuis le 1er janvier 2022, ou ENA *bis*.

Si la subvention de l'État pour faire fonctionner l'établissement est passée de 31 à 38 millions, le budget total de l'école a quant à lui connu une augmentation de 38 à 44 millions. En 2017, l'ENA employait 179 agents. L'INSP en compte 454. Le nombre d'élèves, lui, n'a pas changé et reste autour de 180 pour 90 postes par an sur concours dans le périmètre de l'ancienne ENA.

Un semblant de tronc commun est là pour faire passer la pilule de la non-suppression de l'ENA. Des journées de diffusion d'« une culture commune » au sein de la fonction publique « pour décloisonner les formations » ont lieu pour les élèves de quinze écoles de services publics (l'Institut national des études territoriales, l'Institut national de la statistique et de l'administration économique, l'École des mines, l'École des officiers de la gendarmerie, par exemple).

Mais, finalement, qu'est-ce qui a changé à part l'augmentation du coût annuel de l'école pour les Français ? La création d'un seul corps pour l'ensemble des diplômés et la suppression du classement de sortie sont les seules vraies modifications. Pour le reste, toutes les promesses sont passées à la trappe avec tout le talent de discrétion et d'efficacité dans le lobbying qu'on connaît à nos hauts fonctionnaires.

Oubliée, la fusion des corps d'inspection (IGF, IGAS, IGA), oubliées les nominations pour deux ou trois ans, oubliée aussi l'idée de contrats à durée déterminée pour les hauts fonctionnaires, les INSPiens seront des titulaires de leur statut à vie. Oubliée encore l'idée de supprimer la possibilité de partir travailler dans une entreprise ou de s'engager en politique tout en conservant son statut, ce qu'on appelle le pantouflage, et qui n'est permis nulle part ailleurs en Europe.

Quid de la promesse de campagne d'Emmanuel Macron de faire entrer un quart de dirigeants issus du secteur privé dans les administrations ? Pourtant essentielle à la mixité de parcours dans nos administrations, il semble qu'elle ait été oubliée…

À quoi sert-il de supprimer l'ENA si l'on conserve des titulaires à vie dans la haute fonction publique qui peuvent continuer à pantoufler ? Cela devrait être soit l'un, soit l'autre. En plus, les hauts fonctionnaires ont gagné une bataille de poids : il ne peut plus y avoir de nominations politiques au tour extérieur, souvent des personnes issues du privé, dans les grands corps. Les places sont, ainsi, quasi-réservées aux diplômés de l'INSP. Pour le reste, tout continuera (presque) comme avant… sauf que ça coûtera plus cher.

Rien ne marche

Chapitre 28

Le scandale des files d'attente pour les passeports

Trois mois. C'est actuellement la durée minimale pour renouveler un passeport ou une carte d'identité. Une demande de carte d'identité en novembre 2022 fixait un premier rendez-vous en février 2023 à… cent kilomètres de son domicile pour un habitant de la Corrèze. Pourtant, une aide exceptionnelle avait été débloquée pour résorber ces très longs délais d'attente. En 2022, 9 millions de Français ont souhaité renouveler leur passeport ou leur carte d'identité, et ils seront 14 millions cette année.

Et les situations anormales se multiplient. Dans la Manche, un couple prévoit de partir en août en Sardaigne avec leurs filles. Dès mars, la mère de famille prend rendez-vous pour renouveler son passeport, mais le jour du départ, elle n'a toujours rien reçu et ne peut pas embarquer dans l'avion.

Aujourd'hui, on explique aux Français qu'il faut prendre leur mal en patience, que les délais sont dus à la période Covid, qui a vu les demandes pour des renouvellements de passeports baisser de 39 %. Mais si on creuse, on remarque que la pandémie a bon dos…

En réalité, depuis mars 2017, seules les mairies dotées d'un dispositif de recueil spécifique qui sert à collecter les empreintes numérisées du demandeur peuvent recevoir les demandes de créations et de renouvellements des passeports… et des cartes d'identité. Ce qui a fait chuter le nombre de mairies autorisées à délivrer des papiers d'identité : dans le Lot, par exemple, ce nombre est passé de 313 à 10.

Un rapport de la Cour des comptes montre qu'il existait avant le Covid des disparités entre les mairies en matière de délais de prise de rendez-vous. Les magistrats soulignaient que si dans onze départements, les délais étaient respectés (moins de quinze jours), dans cinq départements, 75 % des communes ne pouvaient pas donner de rendez-vous sous trente jours. Au final, dans 75 % des départements, le délai moyen pour obtenir un rendez-vous est supérieur au délai « nécessaire ». La Cour pointait également le fait que le volume de prises d'empreintes dans les mairies était anormalement faible par rapport aux capacités des scanneurs d'empreintes. Enfin, la mauvaise allocation géographique de ces scanneurs a pu créer des goulots d'étranglement : l'Île-de-France en dispose d'un pour 14 600 habitants contre un pour 20 400 habitants dans les Hauts-de-France. Les problèmes étaient donc déjà connus bien avant le début de la pandémie, rien n'a pourtant été fait.

Et il n'y a pas qu'en mairie que ça bloque. Dans les préfectures, cela traîne aussi.

Ce sont elles qui sont chargées de valider les dossiers sauf que la dématérialisation des démarches y a entraîné des réductions d'effectifs… mais pas dans les bons services. La Cour des comptes déplore un plan volontariste de dématérialisation insuffisamment préparé et pensé sans « aucun objectif précis d'amélioration de la qualité du service rendu aux usagers ». Conséquence : les services, en sous-effectifs chroniques, sont surchargés. De ce fait, en 2021, sur tout le territoire, on pouvait compter plus de 15 000 dossiers de renouvellement de titres d'identité pour « seulement » 550 par agent en préfecture travaillant sur ce sujet, alors qu'en 2023, 14 millions de Français vont devoir renouveler leur carte d'identité ou leur passeport.

Le dernier problème, c'est la fabrication des titres par l'Agence nationale des titres sécurisés (ANTS). Elle n'a pas publié de rapport d'activité depuis 2020, mais on sait qu'elle n'a pas retrouvé son rythme de production d'avant la pandémie, alors même que la demande de renouvellement s'est intensifiée. Et depuis août 2021, la fabrication de la nouvelle carte d'identité a été transférée du ministère de l'Intérieur à l'Imprimerie nationale qui produisait déjà les passeports et qui se retrouve désormais chargée d'assurer l'impression de deux fois plus de titres.

Lors d'une question à l'Assemblée nationale, la ministre chargée de la Citoyenneté, Sonia Backès, avait annoncé que 150 scanneurs d'empreintes supplémentaires seraient installés en mairie entre juillet et octobre 2022. Et plus encore en 2023. 160 nouveaux agents devaient également être recrutés dans les préfectures. En Bretagne, dans le Finistère, après le déploiement d'un plan d'urgence et l'installation de 11 scanneurs supplémentaires, le délai de délivrance est passé de 28 à 16 semaines.

Une situation ubuesque alors que l'État connaît la date de péremption de tous nos titres d'identité depuis leurs mises en circulation. Malgré cela, il n'y a aucune anticipation et beaucoup de Français se retrouvent à devoir faire marcher leur réseau, à implorer les maires et les agents municipaux pour obtenir leurs papiers à temps.

Une France à l'ère du numérique ? Ou à l'ère de la débrouille ?

Chapitre 29

Le scandale des délais de la justice

La prison de Bois-d'Arcy déborde. Le taux d'occupation y est de 165 %. Et elle n'est pas la seule. En moyenne, en 2022, le taux d'occupation était de 118 %. Entre 2016 et 2020, quatre condamnés à la prison ferme sur dix ne dorment jamais derrière les barreaux.

Suppression des peines planchers, révocation systématique des peines de sursis en cas de récidive, interdiction des incarcérations de moins de six mois, libération sous contrainte qui octroie automatiquement une réduction de trois mois pour le détenu en fin de peine… « jamais la sanction pénale n'aura connu une telle érosion ». Voilà ce qu'explique Béatrice Brugère, secrétaire générale du Syndicat unité magistrats SNM FO.

En France, il faut 637 jours pour obtenir un jugement en première instance contre 237 jours, en moyenne, pour les pays du Conseil de l'Europe. La justice française présente donc des délais plus longs que les délais médians : + 169 % en première instance, + 243 % en deuxième instance, et + 182 % devant la Cour de cassation. Ces ralentissements concernent surtout la justice civile tandis que les branches pénale et administrative sont légèrement plus épargnées par le phénomène.

Chez nous, le délai moyen du système judiciaire pour résoudre une affaire, au civil, est de 637 jours en première instance (tribunal judiciaire, conseil de prud'hommes, tribunal de commerce, tribunal paritaire des baux ruraux), 607 jours en deuxième instance (cours d'appel), et 485 jours devant la Cour de cassation. Dans les pays du Conseil de l'Europe, ces délais sont en moyenne de 237 jours en première instance, 177 jours en deuxième instance, et 172 jours devant les cours suprêmes.

Les justiciables français souffrent grandement de ces délais de jugement infinis. Le plus criant est la lenteur des procédures classiques qui devraient théoriquement être rapidement réglées. On peut citer le cas d'un couple de retraités ayant été évacué de leur maison menacée par un glissement de terrain en 2017 à cause de travaux effectués par leur voisin. Les dates d'audience n'ont cessé d'être reportées et cinq ans et demi plus tard, les victimes n'ont toujours pas touché d'indemnisation. Mêmes délais à rallonge pour les divorces : l'avocate Lise-Marie Michaud expliquait à France Info qu'il faut aujourd'hui en moyenne « deux ans pour divorcer, contre un an à un an et demi il y a dix ans ». Autre exemple : en Île-de-France, il faut en moyenne sept à douze mois pour obtenir une décision fixant la pension alimentaire ou le droit de visite pour un enfant.

Si les délais sont trop longs partout sur le territoire, certains tribunaux sont encore plus touchés par ce phénomène. On peut citer la ville de Nantes, dans laquelle le procureur Renaud Gaudeul considère que « la situation de la justice est l'une des plus dégradées en France ». Il y faut en moyenne quinze mois pour décider d'une pension alimentaire ou d'une garde d'enfant.

Mais pourquoi donc de tels délais ? Contre toute attente, dans un pays aussi dépensier que le nôtre, le fait est rare mais la justice française est l'une des administrations publiques où l'on dépense moins que les autres. En 2020, la France consacrait 0,21 % de son PIB à cette mission contre 0,35 % en Allemagne. Cela donne 72,5 euros par habitant chez nous contre 146 euros par habitant en Allemagne. Toujours en 2022, là où la France comptait 11 juges professionnels et 36 membres du personnel non juges (greffiers, assesseurs, etc.) pour 100 000 habitants, l'Allemagne était dotée de 25 juges et 65 employés non-juges. Résultat, l'Allemagne présente des délais de procédure bien moins longs.

Aussi, il convient de préciser que la justice civile française ne souffre pas que de problèmes budgétaires. En effet, la Conférence régionale des barreaux d'Île-de-France explique que la dégradation des délais est aggravée par la succession de réformes de procédure incessantes au motif de « simplifier l'accès à la justice » et d'« accélérer le traitement judiciaire ». Insuffisamment préparées, ces réformes compliquent encore plus le travail des tribunaux.

En 2023, le budget de la justice a augmenté de 8 % après deux précédentes hausses de 8 % également accordées en 2021 et 2022. Mais la situation ne s'est toujours pas améliorée. Une des raisons à cela est que le stock d'affaires non traitées a tellement enflé que même avec des budgets importants et de la bonne volonté, désengorger les tribunaux prendra beaucoup de temps.

Alors que 59 % des peines de prison ne sont pas exécutées, que toutes les dernières réformes ont minimisé l'incarcération, que les plans de construction de nouvelles places de prison ne sont jamais respectés, quelle dissuasion offre notre système judiciaire ? Interrogé par le Parlement, Rémy Heitz, procureur de la République au tribunal judiciaire de Paris, confiait voir les mêmes mineurs isolés être déférés plusieurs fois par semaine.

Il ne sert à rien de mettre de l'argent sans réformer le système et sans augmenter le nombre de places en prison : c'est la condition obligatoire pour pouvoir un jour faire respecter les peines en France.

Chapitre 30

Le scandale de l'attribution des HLM

La France dépense, en moyenne, 15 milliards d'euros par an pour le logement social. Logement social qui veut dire notamment logement moins cher pour pouvoir vivre dans les zones tendues et être plus proche de son travail. 10 millions de personnes en bénéficient en France, réparties dans 4,5 millions de logements : cela représente 17 % des occupations de résidence principale (un taux qui varie de 9 % en Corse, à 11 % en Bretagne, à 24 % en Île-de-France) derrière les 23 % de locataires dans le secteur privé et 58 % de propriétaires. 70 % des Français ont des revenus qui leur permettraient, sur le papier, de prétendre à un logement social.

Mais qui sont les occupants des HLM ? Et qui a le plus de chances d'avoir une place dans un HLM dans les grandes villes, notamment à Paris ? On pourrait croire que l'on trouve la réponse à cette question en deux clics, mais pas du tout.

Il s'avère qu'une très grande partie de ceux qui occupent nos logements HLM sont inactifs. Selon les statistiques de l'Union sociale pour l'habitat, dans une étude d'avril 2022, plus de la moitié des personnes qui vivent en HLM ne travaillent pas, qu'elles soient au chômage, aux minima sociaux ou à la retraite. À Paris, on sait que 21 % du parc social est occupé par des personnes de plus de 65 ans, on peut donc considérer, que dans la capitale, environ 30 % des personnes en HLM sont en âge de travailler mais ne travaillent pas.

Seulement 47 % des occupants du parc HLM d'Île-de-France ont un emploi stable ou précaire. Au sein de ces 47 %, un grand nombre sont des agents publics en vertu des quotas du préfet, de la ville, de la région. En effet, on parle souvent des maires, mais les préfets ont un droit de réservation de 30 % de l'ensemble des logements sociaux de chaque organisme dont 5 % peuvent être réservés pour héberger des agents de l'État (militaires, par exemple). Les autres logements constituent la « réserve préfectorale » pour les personnes en situation prioritaires (mal logées ou défavorisées) et pour les personnes éligibles au droit au logement opposable (loi DALO de 2007). Cela se traduit dans les faits par une priorité au logement social pour des personnes qui ne sont pas issues de la commune. Depuis 2004, les préfectures peuvent déléguer la gestion de leur réserve aux communes, mais peu le font malgré les demandes des maires.

Depuis le vote de la loi ELAN en novembre 2018, la cotation avec attribution de points aux demandeurs de logements sociaux est obligatoire. Et qui dit cotation dit priorité aux ménages les plus en difficulté. De quoi mettre les maires en colère car la mairie garantit les emprunts des bailleurs sociaux (et donc prend les risques financiers) et parce qu'ils accueillent des populations défavorisées consommatrices de services publics mais sans aucune recette en face : la taxe d'habitation a disparu, et les bailleurs sociaux sont exonérés de taxe foncière.

Les maires ont-ils le droit de privilégier les travailleurs de leur commune ou des communes alentour pour leur attribuer un logement social ? Sur le papier, la réponse est oui, mais cela concerne un nombre de logements sociaux de plus en plus faible.

Il faut dire que les préfets sont sous l'intense pression de faire respecter le droit au logement opposable pour les personnes les plus démunies et les populations les plus inactives (demandeurs d'asile notamment, qui sont aidés par des associations professionnelles de ces recours). Résultat : de plus en plus de bénéficiaires des logements sociaux, désignés par les préfets, ne sont pas des habitants et/ou ne travaillent pas dans la commune. Les édiles demandent donc à reprendre le contrôle de ces quotas, sans obtenir gain de cause pour le moment.

Et, une fois que les locataires sont installés dans ces logements, ils restent longtemps.

33 % des locataires du parc social sont en effet dans leur logement depuis au moins quinze ans – contre 12 % pour les locataires du parc privé. Ce sont principalement des ménages âgés, le plus souvent des personnes seules ou des couples sans enfant. Un phénomène encore plus important dans les zones tendues, en région parisienne, dans le Sud-Est, en Gironde et en Corse notamment. Dans de nombreux cas, ces ménages sont entrés dans leur logement avec des enfants à charge, mais ces derniers ont grandi et sont partis et les logements se retrouvent sous-occupés.

Une fois passé 65 ans, les locataires peuvent même rester dans leur logement, quels que soient leurs revenus et quelle que soit la zone où ils sont installés. Ils sont simplement obligés de payer un surloyer si le total des revenus du foyer dépasse un certain montant. Au-delà de la bonne application des surloyers, c'est leur principe qui pose un problème. L'intérêt du parc social est d'avoir une rotation suffisante pour être ouvert aux nouvelles générations qui en ont besoin, notamment chez les jeunes actifs, pas d'assurer aux bailleurs sociaux un confort de gestion grâce à des locataires *ad vitam æternam*.

Sans le dire, on s'est dirigé vers un « droit au HLM à vie » qui est tout simplement antisocial.

Cette situation de rente crée des dérives, et certains locataires sous-louent leur logement social. À Paris, on affirme que le problème est sous contrôle, mais on sait qu'en 2014, 143 Airbnb étaient... des HLM ! Cette même année, il y a eu 300 procédures d'expulsion pour sous-location illégale[1]. Mais le problème de la fraude, c'est qu'on ne peut quantifier que celle qu'on identifie. À Paris, un agent est en charge de cette tâche à temps plein. Un agent pour 60 000 logements, ce qui lui demanderait de vérifier 263 occupations par jour.

On comprend mieux pourquoi les délais pour obtenir un HLM explosent : 33 mois en moyenne en 2019. Une lenteur qui incite aux dérives. En mars 2022, une assistante sociale a été condamnée pour avoir accordé des logements sociaux à Paris contre des pots-de-vin dont le montant oscille entre 40 000 et 80 000 euros en cumulé sur cinq ans. Montant du préjudice pour le bailleur : plus de 400 000 euros. La fraude n'a été découverte que parce qu'un repris de justice placé sur écoute souhaitait en bénéficier. À l'heure du procès, les locataires répartis par l'assistante sociale nient avoir versé de l'argent alors que cette dernière reconnaît l'avoir touché. Parole contre parole, une partie d'entre eux reste dans le parc[2].

---

1. Thierry Noisette, « Ils sous-louaient leur HLM sur Airbnb : expulsions en série à Paris », *L'Obs/Rue89*, 21 novembre 2016.

2. Denis Courtine, « Corruption : pour quelques milliers d'euros, l'employée vous dégotait un logement social à Paris », *Le Parisien*, 16 mars 2022.

Autre problème de taille : l'opacité qui entoure la validation des dossiers. À Paris par exemple, malgré la création d'un système de points, les règles sont très complexes et il est assumé que chaque réservataire (les arrondissements en l'occurrence) gère ses locations selon ses propres critères. Peu d'arrondissements donnent des points en plus à ceux qui travaillent dans l'arrondissement (XVIIe, XVe par exemple).

La règle générale est que le fait de travailler à Paris n'offre pas de points supplémentaires, seulement une majoration des points déjà obtenus (de 10 à 20 % selon les situations). Cette majoration ne permet clairement pas de rivaliser avec les situations de cumuls de points : + 5 points si le demandeur a fait l'objet d'une procédure d'expulsion ; + 2 points si le demandeur a reçu une lettre recommandée d'un huissier ; + 3 points s'il est actuellement dans un habitat mobile ; + 1 point s'il « [estime] habiter dans un logement indigne » ; + 4 points si le demandeur est en procédure de divorce.

Par ailleurs, la Ville de Paris ne se cache pas de réserver un logement social sur quatre pour ses propres agents. Si vous travaillez dans le privé à Paris, pas sûr qu'il reste beaucoup de places en HLM pour vous dans la capitale. Clairement, vous n'êtes pas prioritaire et l'attente sera longue. Petit à petit, les logements intermédiaires qui ont été conçus pour être habités par les classes moyennes se retrouvent attribués aux plus précaires. Certains logements sociaux sont même occupés par des personnes en situation illégale dont les cartes de séjour sont périmées.

Nos 4,5 millions de logements sociaux devraient donc être utilisés en priorité pour permettre aux actifs en emploi de se loger au plus près de leur lieu de travail, en tout cas dans les zones tendues. Mais il n'en est rien. Les agents publics, les bénéficiaires de minima sociaux sans emploi, les personnes relevant du droit au logement opposable bénéficient en quelque sorte de différents « coupe-files » de plus en plus institutionnalisés. Une situation de fausse pénurie qui incite à faire jouer du piston.

Chapitre 31

Le scandale de la pénurie de places en crèches pour les travailleurs

Organisation ubuesque : les CAF, les régions, le ministère de la Solidarité, les communes, les départements, tout le monde s'occupe des crèches... Et alors qu'on y met de plus en plus d'argent, il y a de moins en moins de places et elles sont, en outre, accordées dans des conditions opaques. Les dépenses d'accueil du jeune enfant de moins de 3 ans sont de 15 milliards par an, dont 7 milliards d'euros pour les crèches[1]. L'État, les CAF et les collectivités locales sont cofinanceurs.

Offrir aux familles un mode de garde formel comme celui des crèches permet un meilleur taux d'emploi des femmes. Les pays du nord de l'Europe ne s'y sont pas trompés et certains ont rendu l'accueil formel des enfants de moins de 3 ans quasi obligatoire.

À la rentrée de septembre 2022, on a pu observer une pénurie de places en crèches avec 10 000 places existantes mais non ouvertes parce que le personnel n'a tout simplement pas été formé ! Pourtant, la France est parmi les pays assez bien dotés en crèches, avec

1. Observatoire national de la petite enfance, « L'accueil du jeune enfant en 2020 », édition 2021.

plus de 471 000 places. Cela dit, d'autres pays sont mieux pourvus : au Danemark et en Islande, plus d'un enfant sur deux de moins de 3 ans est accueilli dans un mode d'accueil formel. Ce sont plus de quatre sur dix en Suède et au Royaume-Uni. En France, un parent sur deux fait une demande en crèche pour son enfant mais seulement deux enfants sur dix y sont accueillis. Finalement, la crèche n'est le mode de garde principal que pour 18 % des enfants de moins de 3 ans. Heureusement, 33 % des enfants sont pris en charge par une assistante maternelle. Problème : la profession est vieillissante, 48 ans en moyenne, et ne se renouvelle pas.

La Caisse nationale d'allocations familiales a tiré la sonnette d'alarme : près de la moitié des 16 000 crèches collectives interrogées manquaient de personnel, soit l'équivalent d'environ 9 000 postes non pourvus. Cela est même devenu un sujet de campagne lors de la présidentielle 2022, et début juillet, la Première ministre, Élisabeth Borne, assurait qu'elle travaillait à la création « des 200 000 places d'accueil manquantes en crèche » et d'un « véritable service public de la petite enfance ».

La pénurie est pourtant imputable à la surenchère des règles et de contraintes imposées par les autorités notamment la règle stipulant que 100 % des professionnels doivent avoir une qualification « petite enfance ». Parmi eux, 40 % doivent être des auxiliaires de puériculture, des infirmiers, des infirmiers puériculteurs, des éducateurs de jeunes enfants ou des psychomotriciens diplômés tandis que les autres doivent justifier d'un CAP « Accompagnant éducatif petite enfance », d'un BEP sanitaire et social, d'un bac pro services aux personnes ou d'une autre des dix-sept qualifications définies par arrêté ministériel. Et pour passer d'une catégorie à l'autre, il n'existe pas de formation courte en dehors de l'acquisition d'un nouveau diplôme.

La France est un des pays qui demande le plus de qualifications pour travailler en crèche. Même en la matière, la norme est partout trop exigeante. Y compris dans le nombre de mètres carrés par enfant ! Huit pays n'imposent aucune exigence de qualification. Quant au Royaume-Uni, ces exigences sont faibles. Au moins un membre du personnel de la structure doit détenir une qualification de niveau bac technologique. Clairement, la France exige trop de diplômes... qui en plus n'existent pas !

Depuis la naissance des entreprises de crèche dans les années 2000, on a construit beaucoup de places de crèches sans augmenter, en face, les capacités de formation... Les auxiliaires de puériculture qui exercent en crèche – et éducateurs de jeunes enfants – n'ont jamais fait partie des diplômes prioritaires. Les régions sont chargées de financer les formations, la CNAF est la seule administration à avoir les informations sur le sujet et à pouvoir identifier les besoins... mais ce sont les départements qui font les contrôles. En fait, il y a ici un numerus clausus de fait qui ne dit pas son nom.

Au 1er avril 2022, 2,5 % des places en crèche n'étaient pas ouvertes faute de personnel, les trois quarts de ces places fermées se concentraient en Île-de-France. Résultat, tous les chiffres et annonces de créations de nouvelles places en crèche sont mensongers car les autorités savent qu'elles ne peuvent pas être ouvertes. Bref, on organise la pénurie.

Aujourd'hui, les instituts de formation existants sont pleins et on n'autorise pas les crèches à développer plus l'apprentissage et à former leurs propres salariés. La flexibilité n'est qu'affichée et les crèches sont très contrôlées et même menacées de fermeture par les services de protection maternelle et infantile des conseils départementaux si 100 % de leurs effectifs ne sont pas diplômés « petite enfance ». Il y a une pression permanente.

Face à la pénurie, il y a bien eu un arrêté publié le 4 août 2022 au *Journal officiel*. Il a créé une dérogation pour recruter du personnel non diplômé dans les crèches, mais il n'est applicable que dans « un contexte local de pénurie » « en cas d'absolue nécessité » et ne peut concerner que 15 % des effectifs. Étrangement, cette mesure temporaire ne s'applique pas aux auxiliaires de puériculture ou aux éducateurs de jeunes enfants, qui sont parmi les professions qui souffrent le plus de ce manque de personnel. C'est à se demander si les pouvoirs publics ont vraiment le souhait de voir plus de places en crèches ouvertes.

La question est aussi de savoir qui peut obtenir une place en crèche aujourd'hui. Si l'on en croit Terra Nova, « seuls 5 % [des enfants des 20 % des familles les plus modestes] sont accueillis en crèche. À l'inverse, 22 % des enfants des parents les plus aisés (cinquième quintile de revenus) sont accueillis en crèche[1] ». Une étude de l'INED, publiée en 2014 et menée sur 37 926 ménages, contredit pourtant ce constat : les enfants de mère sans emploi auraient entre 40 et 42 % de chances d'obtenir une place en crèche alors que les enfants de mère salariée du privé auraient 25 % de chances, et les enfants de mère salariée du public, 29 % de chances. Par ailleurs, cette étude a constaté que les crèches favorisent les enfants d'origine étrangère : « Les enfants de mère de

1. Étude Terra Nova de 2017, « Investissons dans la petite enfance », sur des chiffres DREES de 2013.

nationalité étrangère sont plus fréquemment en crèche que ceux nés de parents français. »

La DREES a d'ailleurs publié une étude[1] dans laquelle on peut lire que 49 % des enfants de moins de 3 ans ont au moins un parent inactif ou au chômage et, parmi eux, 12 % ont quand même un mode d'accueil à temps complet. 26 % des enfants de moins de 3 ans ont une mère inactive (situation différente du chômage) et parmi eux, 7 % ont un mode d'accueil à temps complet. 11 % des enfants de moins de 3 ans ont une mère au chômage et parmi eux 18 % ont un mode d'accueil à temps complet.

35 % des enfants de moins de 3 ans ont leurs deux parents qui travaillent à temps complet et 38 % sont gardés par une assistante maternelle et 29 % dans une crèche. Un rapport de la CNAF montre aussi que 34 % des enfants gardés en crèche ont au moins un parent qui ne travaille pas.

Cela pose la question suivante : comment se fait-il que les parents qui travaillent ne soient pas prioritaires pour les places en crèche ? Il semblerait que là encore les citoyens de notre pays soient victimes du fait que nos gouvernants multiplient les objectifs contradictoires. Les crèches existent pour permettre notamment aux mamans de jeunes enfants de travailler mais, depuis 2013, le gouvernement prévoit qu'une place en crèche sur dix soit réservée à des parents bénéficiaires de minima sociaux ou en situation de monoparentalité. Et les crèches privées sont d'ailleurs contraintes de financer sur leurs propres crédits une place sur vingt d'accueil à des familles monoparentales ou touchant les minima sociaux !

1. DREES, « Études et résultats », n° 1257, février 2023.

On pensait bêtement que les places en crèche devaient être accordées en priorité aux enfants de parents qui travaillent, mais il n'en est rien : le fait d'avoir un emploi n'est pas une condition *sine qua non* pour obtenir une place en crèche. Encore une fois, ce sont ceux qui cotisent le plus et qui paient le plus d'impôts qui pâtissent de la pénurie. Pénurie qu'on dirait organisée par des normes surdimensionnées et par l'inexistence du critère du travail des parents pour accorder les places.

Chapitre 32

Le scandale de l'accompagnement fantôme par Pôle emploi

Combien d'appels à Pôle emploi permettent de joindre un agent si vous avez besoin de savoir comment toucher une allocation chômage[1] ? 70 %. C'est la conclusion de l'enquête de *60 millions de consommateurs* au début de l'année 2023. 30 % des appels restent donc sans réponse mais, plus alarmant encore, sur 410 appels, seulement 6 sont tombés sur un agent qui les a accompagnés dans une première estimation de leur allocation.

Pas d'agent pour répondre aux questions ? Pourtant, de 2009 à 2021, les effectifs de Pôle emploi ont augmenté de 21 % pour atteindre 52 418 agents. Mais plus d'agents ne veut pas forcément dire meilleur service. En 2020, la Cour des comptes avait pointé « des excès à corriger dans la gestion des ressources humaines » dans les 800 agences locales. Elle avait notamment relevé qu'à Pôle emploi, la durée annuelle réelle du travail était inférieure à la durée légale. Et en comptant les cinq jours de repos supplémentaires

1. Dans le cadre de la fin d'un contrat à durée déterminée de six mois dans la distribution, payé au smic.

accordés… en plus des RTT, il est établi que les agents de Pôle emploi travaillent en dessous de 35 heures par semaine en moyenne. Un avantage étendu en 2014 aux cadres dirigeants de Pôle emploi afin de leur permettre très sérieusement « la prise de recul nécessaire à leur fonction ». Des congés supplémentaires liés à l'ancienneté viennent s'y ajouter. Et, par-dessus tout cela, les agents de Pôle emploi sont absents pour maladie ou autre 22 jours par an et par salarié en moyenne. Un fort absentéisme plus élevé que dans le secteur privé et en hausse depuis 2015.

Loin de rationaliser sa gestion des ressources humaines, Pôle emploi a au contraire embauché à tour de bras pour lutter contre la fraude et pour contrôler que les bénéficiaires cherchent bien un emploi. Ces effectifs de contrôle sont passés de 200 à 600 agents. Mais pour des effets minimes.

De 2015 à 2021, la fraude détectée aux allocations chômage est passée de 169 à 211 millions d'euros. Ce serait *grosso modo* 0,6 % des 37 milliards d'euros d'allocations. Pôle emploi reste très en retard sur la lutte contre la fraude. La branche Famille de la Sécurité sociale a la politique la plus aboutie sur le sujet et estime que les versements non dus pourraient monter jusqu'à 8 %. En transférant cette estimation à Pôle emploi, la fraude serait alors de 2,9 milliards d'euros et non de 211 millions d'euros.

En matière de contrôle de la recherche d'emplois, en 2016, 19 % avaient fait apparaître une insuffisance de recherche et avaient conduit à 14 % de radiation temporaire. En 2022, 500 000 contrôles ont eu lieu pour 50 000 radiations mensuelles. 60 % de ces radiations concernaient des demandeurs d'emploi non indemnisés. Clairement, un vrai effort a été entrepris. En 2016,

97 % des 20 000 radiations avaient été prononcées pour quinze jours et suivies d'une réinscription à Pôle emploi dans deux cas sur trois !

Il faudrait maintenant aller plus loin et s'inspirer de l'approche allemande qui, depuis 2005, sanctionne le refus d'offre d'emploi convenable ou de formation professionnelle ainsi que les absences à une convocation par une suspension de l'allocation progressive allant de trois semaines à trois mois, et jusqu'à la fermeture des droits au troisième refus d'une offre d'emploi. Outre-Rhin, des dispositifs similaires existent d'ailleurs sur les minima sociaux. En France, Pôle emploi renâcle à prendre en charge le retour à l'emploi des bénéficiaires du RSA les plus éloignés du monde du travail. Quant au système de contrôle des engagements et de sanctions, l'opérateur argumente qu'il s'agit d'une responsabilité des départements. Résultat, en dix ans, le nombre de bénéficiaires du RSA a augmenté de plus de 600 000, pour passer le pic des 2 millions de bénéficiaires en 2020.

Mais les chiffres de retour au travail laissent sans voix. Selon la Cour des comptes, seulement 3,9 % des bénéficiaires du RSA retrouvent un emploi par mois. Un taux un peu meilleur pour les demandeurs d'emploi de longue durée avec 6,5 % par mois en 2019.

On peut même se demander si Pôle emploi exerce vraiment une influence sur le retour au travail des chômeurs. En 2017, l'Insee confirmait que seulement 9 % des demandeurs d'emploi avaient retrouvé un travail grâce à l'institution. En matière d'efficacité pour la recherche d'emploi, ce chiffre la plaçait au même niveau que... les petites annonces. De celles qu'on trouve sur leboncoin.fr ou LinkedIn, par exemple. Finalement, la majorité des demandeurs d'emploi retrouvent un travail grâce à une candidature spontanée (42 %) ou à leur réseau professionnel (25 %)[1].

L'organisme ne fait rien pour donner des indicateurs mesurant l'efficience de son action... ce qui ne l'empêche pas de vouloir communiquer sur le « taux de satisfaction des demandeurs d'emploi » et le « taux de satisfaction des employeurs concernant la dernière opération de recrutement »[2]. Des indicateurs fortement critiqués par la Cour des comptes en 2020, car la notion de satisfaction, dans ces domaines, est extrêmement vague, et peu représentative de la réalité ou de la qualité d'un service rendu. Ironiquement, sur les opérations de recrutement, s'il ne subsistait qu'un seul employeur recrutant par Pôle emploi, mais content de la prestation, l'établissement pourrait s'enorgueillir d'un taux de satisfaction de 100 % ! Heureusement, depuis plus de quinze ans, les entreprises ne sont plus obligées de poster leurs annonces sur Pôle emploi (ANPE à l'époque) !

Quand les Français pourront-ils, enfin, bénéficier d'un vrai service, proche du terrain, pour faire renouer avec l'emploi les bénéficiaires ? Espérons que France Travail, l'agence qui doit remplacer Pôle emploi dans les années à venir, sera plus transparente. Et qu'il y aura un vrai suivi, pas seulement administratif, pour sanctionner les demandeurs d'emploi et allocataires du RSA qui ne jouent pas le jeu du devoir de base envers la société : travailler pour en vivre.

1. Étude emploi de l'Insee de juillet 2017.
2. Deux indicateurs à suivre selon la convention tripartite pluriannuelle passée entre l'État, l'Unédic et Pôle emploi.

Déclassement

Chapitre 33

Le scandale de l'effondrement caché du système de santé

En France, on n'a plus le droit de classer les hôpitaux et les cliniques. Depuis des années, le classement annuel du *Point* montrait que les hôpitaux et leurs services ne se valent pas tous et aidait les patients et leurs familles à se retrouver dans la jungle de notre système de santé. Mais en 2022, l'accès au Programme de médicalisation des systèmes d'information (PMSI) a été interdit aux journalistes de l'hebdomadaire. Cette base pouvait être depuis des années transmise aux chercheurs, consultants, journalistes qui la demandaient. Maintenant, c'est niet.

Heureusement, il nous reste les classements internationaux pour évaluer l'utilisation de l'argent public dans le système de santé français.

La France est le quatrième pays en dépenses de santé les plus élevées au monde, avec 11,3 % du PIB. Mais c'est bien le seul indicateur pour lequel la France se trouve en tête d'un classement international. Les dépenses de santé ont même atteint 12,3 % du PIB en 2021 avec le « quoi qu'il en coûte » lié à la pandémie Covid. Un record ! Il faut dire qu'il n'y a qu'en France où l'on a pu se faire tester gratuitement et autant de fois qu'on voulait, sans aucune limite !

Dans le classement du think tank britannique The Legatum Institute, la France est classée 20e sur 167[1]. Ce classement prend en compte différents indicateurs : les facteurs de risques comportementaux (obésité, tabagisme, etc.), les interventions préventives, le taux de couverture médicale, les infrastructures, l'espérance de vie… En 2010, nous étions classés septième mais, en onze ans, nous avons perdu treize places. L'autre classement habituellement cité, le Euro Health Consumer Index[2], nous place 11e sur 35 pays européens. Un classement se démarque néanmoins : le « Panorama de la Santé 2021 » établi par l'OCDE[3]. Dans cette étude, seulement 71 % des Français sont satisfaits de l'accès à des services de santé de qualité. Un taux qui place la France à la 21e place sur 38 pays pour l'expérience « client/usager » alors que nous sommes 4e en matière de dépenses. Sur les indicateurs clés (accès aux soins, qualité des soins, personnel médical), la France est très rarement dans le top 10 et est systématiquement absente du podium des pays les plus performants[4].

Donc, malgré des dépenses particulièrement élevées, force est de constater que les résultats du système de santé français sont mitigés sur quasiment tous les tableaux. On peut légitimement se demander : où va l'argent ?

Une comparaison avec le système allemand, qui dépense seulement 0,1 point de PIB de plus que nous

---

1. The Legatum Prosperity Index 2021, « Creating the Pathways from Poverty to Prosperity ».

2. Établi par l'organisation Health Consumer Powerhouse.

3. OCDE, « Panorama de la santé 2021 : Les indicateurs de l'OCDE », 2021.

4. Sauf pour l'admissibilité, mais pour cet indicateur, tous les pays les plus développés sont premiers ou deuxièmes *ex aequo*.

pour la santé, nous aiguille sur l'origine des dysfonctionnements. Dans les hôpitaux français, 405 600 personnes (équivalent temps plein), soit 34 % du personnel, œuvrent à des tâches autres que médicales, autrement dit des tâches administratives[1]. C'est 54 % de plus qu'en Allemagne. C'est là qu'on voit les limites de l'organisation administrative d'un hôpital public français corseté dans le statut de la fonction publique hospitalière. La France est le pays où la part des emplois hospitaliers dans l'emploi total est la plus élevée : 5 %. La fonction publique hospitalière emploie plus de 1,1 million d'agents, soit 22 % de l'emploi public. Entre 1998 et 2017, les effectifs de la fonction publique hospitalière ont augmenté de 30 %, c'est plus que l'ensemble de la fonction publique qui a augmenté de 20 %.

En gros, on a de plus en plus de personnel dans les hôpitaux, mais de moins en moins accès aux soins. Les représentants syndicaux dénoncent « une situation où l'hôpital s'effondre, pas seulement les urgences mais dans tous les services avec 15 % des lits qui sont fermés dans les hôpitaux de Paris, par exemple ». En janvier 2022, Rémi Salomon, président de la commission médicale d'établissement de l'AP-HP, estimait que l'absentéisme des agents s'élevait à plus de 20 % tous les jours. Pourtant, dans le bilan social 2021 de l'AP-HP, le chiffre d'absentéisme officiel s'élevait à 8,2 %. Là encore, les données sont très opaques. Impossible d'avoir les statistiques par hôpital. Impossible de connaître le nombre de jours d'absence par agent. La gestion kafkaïenne de la santé en France fait fuir à la fois les médecins et les infirmiers. Ils partent de plus

1. Jean-Baptiste Boone, « Les hôpitaux français emploient presque 34 % de personnes n'ayant aucune tâche médicale », IREF, 13 avril 2020.

en plus exercer dans des cliniques privées, notamment en Suisse. 79 % des soignants des cliniques privées du canton de Genève ont été diplômés en France, 47 % dans celles du canton de Vaud. Et la tendance est à la hausse : on constate, depuis 2016, une augmentation de 10 % par an du nombre de soignants transfrontaliers qui vont travailler, tous les jours, dans le canton de Vaud, et une hausse de 3 % dans le canton de Genève[1]. Au final, 15 % des médecins français envisageraient de quitter la France pour exercer à l'étranger[2]. En cause : les lourdeurs administratives, la surcharge de travail, le manque de considération, la constante hausse des impôts et des charges sociales...

Le plus fou dans tout cela, c'est qu'au lieu de réformer, réorganiser l'ensemble du système de santé pour valoriser les meilleurs éléments et leur donner envie de rester en France, on continue à mal allouer les milliards. Par exemple, nous avons 4 812 médecins du travail en activité en France en 2022 pour un coût de plus de 1 milliard d'euros par an et une efficacité non prouvée. Autre exemple : les dépenses pour le transport sanitaire sont proches des 4 milliards d'euros par an (avec un pic à 4,7 milliards d'euros en 2019) et les taxis pèsent pour 40 % du total avec une croissance de 4,8 % des dépenses par an. Pire, parfois la Sécu paie aussi les billets d'avion comme pour les ressortissants de Saint-Pierre-et-Miquelon qui vont se faire soigner au Canada. Ainsi 16 % des 1 338 évacuations sanitaires depuis l'île avaient pour destination le Canada.

1. Observatoire statistique transfrontalier, fiche 1, 2022, août 2022.
2. Medscape, « Enquête sur la rémunération des médecins : l'impact Covid », 2021.

On est heureux de savoir que, depuis mars 2019, il n'y a plus – « sauf nécessité absolue » – que des voyages en classe économique... remboursés par la Sécu ! Alors que pendant ce temps-là, nos médecins continuent de quitter une France qui ne veut ni changer l'administration d'une Assurance maladie hyperrigide ni remettre en question le statut de l'hôpital public et de ses agents.

Enfin, n'hésitons pas à reconnaître que notre système est le plus généreux de tous, puisque le reste à charge pour les patients demeure le plus faible des pays de l'OCDE (moins de 7 %). Mais justement, n'est-il pas trop généreux ? Dans notre pays, 30 % des actes médicaux seraient considérés comme inutiles. Sans parler des études récurrentes qui pointent les fraudes aux bons de transport, aux Affections de longue durée, à la CMU et l'AME. L'année dernière, on apprenait même que 26 000 patients étrangers avaient obtenu du gouvernement un visa pour venir se faire soigner en France pour des soins lourds... et entièrement pris en charge !

Et à la fin, ce sont les Français qui paient les frais de la baisse de la qualité des soins tout en payant toujours plus cher en impôts.

Chapitre 34

Le scandale du délitement de l'Éducation nationale

102 milliards, dont 14 milliards d'euros de plus que la moyenne de la zone euro[1] : voilà ce que la France a dépensé pour l'éducation obligatoire (premier et second degrés) en 2020. Une dépense sans cesse en augmentation : + 18 milliards d'euros depuis 2008.

Avec un tel investissement, nos enfants devraient bénéficier de l'une des meilleures éducations du monde. Les parents d'élèves et enseignants qui lisent ces lignes savent qu'il n'en est rien. L'Éducation nationale est en crise, le niveau scolaire baisse, les professeurs sont démotivés. D'après l'OCDE, en 2020, la satisfaction des Français à l'égard du système éducatif était de 71 %, soit 18 points en dessous de la moyenne européenne (89 %). Début 2022, dans un sondage CSA commandé par le Sénat, 53 % des Français estimaient que l'école fonctionne mal et ce taux grimpe à 76 % chez les enseignants. Ce malaise dure depuis plusieurs années sans qu'aucun gouvernement ose y toucher, sauf à la marge, histoire de dire qu'ils ont essayé quelque

1. Lorsqu'on compare le taux de cette dépense en part du PIB (OCDE, Données 2019, « Dépenses d'éducation »).

chose, qu'ils ont inventé une prime, un nouveau jargon ou que les élèves font une heure de sport en plus par-ci, par-là.

Forcément, difficile d'attirer les vocations dans ces conditions. Faute de candidats, plus de 4 000 postes n'ont pas été pourvus par des titulaires à la rentrée 2022. Heureusement qu'il y a les contractuels ! Depuis 2000, le nombre de candidats qui se présentent au Capes est passé de 40 000 à 15 500. En 2022, cinq concours (allemand, lettres classiques, physique-chimie, mathématiques, lettres modernes) avaient moins de candidats admissibles que de postes ouverts !

En réalité, la France compte déjà un nombre d'enseignants plus que suffisant. Ainsi, le nombre d'élèves par enseignant, dix-neuf dans le primaire et treize dans le secondaire, est particulièrement faible, ce qui nous place en première position en Europe pour le primaire (à égalité avec la République tchèque) et en seconde position pour le second degré, derrière les Pays-Bas[1]. Malgré ces chiffres, la France est aussi le pays européen qui compte les classes les plus nombreuses avec vingt-deux élèves en moyenne dans le primaire (nous ne sommes dépassés que par le Royaume-Uni) et vingt-six élèves dans le secondaire[2]. Comment est-ce possible ? En 2019, sans compter les enseignants qui assurent des missions de direction ou d'inspection, 12 % des effectifs enseignants titularisés ne sont pas devant une classe, soit un peu plus de 100 000 enseignants.

Il faut dire que les enseignants en poste ne veulent plus être face à leurs élèves. Entre 2012 et 2021, le nombre de professeurs en « disponibilité », c'est-à-dire

1. OECD Stat., « Student-Teacher Ratio and Average Class Size ».
2. *Ibid.*

dispensés d'enseignement et non rémunérés, est passé de 17 700 à 24 200. Et entre 2008 et 2017, le nombre de démissions a été multiplié par quatre.

La réponse du gouvernement ? L'organisation d'« un concours exceptionnel de titularisation » pour 370 contractuels du premier degré en 2023. Le niveau d'études nécessaire pour candidater a été revu à la baisse. Difficile de voir dans cette mesure autre chose qu'un pansement sur une plaie ouverte.

Malgré ces dépenses élevées et un nombre d'enseignants plus que suffisant, la France est avant-dernière, en Europe, sur le ressenti des élèves, sur la qualité de la relation enseignant/élève[1] : 23,7 % des élèves, sont insatisfaits de cette relation. Seule la République tchèque fait moins bien que nous. Et, concernant les résultats scolaires, si on regarde le fameux classement PISA, en 2018, 21 % des élèves de 15 ans avaient de faibles compétences en compréhension de l'écrit et en mathématiques. Ce qui nous situe juste dans la moyenne européenne[2].

Alors, plutôt que de travailler sur une vaste réforme et modernisation du système éducatif, le ministère préfère se pencher sur les questions d'inégalités. Cela lui permet de masquer les difficultés de l'enseignement public tout en accusant l'enseignement privé. Pour cela, le ministère a publié les « indices de position sociale » des établissements qui prennent en compte la profession et catégorie socioprofessionnelle des parents, leurs diplômes, leur implication dans la scolarité de leurs

1. Assenka Hristova et Ekaterina Tosheva, « Quality of School Life and Student Outcomes in Europe », European Expert Network on Economics of Education (EENEE), mai 2021.

2. Insee, « France, portrait social – Édition 2020 », 3 décembre 2020.

enfants, mais aussi le « capital culturel » du foyer. Plus l'indice est élevé, plus l'élève appartient à un foyer « favorisé ». Dans les collèges privés, l'indice est en moyenne de 119, contre 99 dans les collèges publics.

Mais c'est oublier que le développement de l'enseignement privé est limité en France par la règle du 80/20 qui veut que seulement 20 % des moyens publics pour l'Éducation reviennent au privé. Un niveau qui n'est pas respecté uniformément sur le territoire : dans la Creuse, seulement 2 % des élèves sont inscrits dans le privé, en Corse 5 %, en Seine-Saint-Denis 8 %, ainsi que dans toute l'académie de Limoges. C'est à se demander si cette règle n'a pas vocation à empêcher le privé de se développer là où il y a des besoins. La nouvelle idée du ministère ? Au lieu d'autoriser de nouvelles places dans le privé, contraindre les établissements libres à prendre des élèves défavorisés sous peine de voir des écoles privées fermées.

Ce qui n'empêche pas beaucoup de politiques, y compris le ministre de l'Éducation nationale, de scolariser leurs propres enfants dans des établissements privés. Cela ne manque pas de sel. Il faut dire qu'en 2022, seulement 52 % des élèves de sixième arrivent à lire correctement un texte de deux cents mots et quinze lignes dans le public (43 % en REP et 36 % en REP +[1]) pour 64 % dans le privé. *Idem* en mathématiques, là encore, le public est dix points derrière le privé.

Il convient également de rappeler que l'enseignement privé obtient ses meilleurs résultats en dépensant 30 % de moins par élève. Aligner la dépense par élève de l'enseignement public sur le privé permettrait 29 milliards d'euros d'économies par an.

---

1. Éducation prioritaire publique.

Parcoursup et Affelnet, les nouveaux algorithmes de l'Éducation nationale, essaient, tant bien que mal, de masquer les écarts de niveaux entre public et privé en accordant des bonus aux élèves issus de collèges défavorisés et aux élèves boursiers. Ce qui génère des situations ubuesques. En 2021, il a été démontré qu'il était impossible pour un collégien non boursier sans bonus IPS d'accéder au lycée Condorcet, l'un des lycées les plus réputés de la capitale[1]. Comment s'étonner alors que de plus en plus de bacheliers quittent la France immédiatement après le bac pour faire leurs études à l'étranger, que ce soit à Lausanne, à McGill à Montréal ou à la Bocconi de Milan ?

1. Frédéric Gaume, « Étude du score Afflenet », medium.com, 13 juillet 2021.

Chapitre 35

Le scandale du sous-investissement public dans l'avenir

Tout le monde s'accordera pour dire qu'investir pour préparer l'avenir est essentiel. Eh bien, la France est un paradoxe : si nous sommes bien le pays qui dépense le plus de l'Union européenne, concernant les investissements, nous sommes quinzième sur vingt-neuf. Au final, en 2021, nous consacrons 59 % du PIB aux dépenses publiques et seulement 3,6 % du PIB pour l'investissement dont plus de 58 % sont à l'initiative des collectivités locales.

Cela reflète le fait que notre dette publique, loin de servir à financer nos investissements et l'avenir du pays, est en grande partie consacrée à financer des déficits d'exploitation. En clair, la France emprunte pour faire tourner sa machine sans pouvoir préparer l'avenir. Ce n'est pas une fatalité puisque onze pays membres de l'Union européenne réussissent à investir plus qu'ils ne s'endettent (Suède, Croatie, Finlande, Danemark, Pays-Bas, Estonie, Luxembourg, Lituanie, Irlande...).

Mais alors, sur les dix dernières années, dans quoi avons-nous placé le peu que l'on a investi ? À elles seules, les affaires économiques représentent 33 % des dépenses d'investissement public (19e rang), principalement ciblées sur le transport pour 50 %, sur la recherche et le développement pour 30 %. Ensuite, 13 % des investissements sont au profit des services généraux des administrations publiques (21e rang). Cela englobe le fonctionnement des organes exécutifs et législatifs, les affaires financières et fiscales, les affaires étrangères ou encore les opérations concernant la dette publique.

La France consacre la même part (9 %) de ses investissements pour les loisirs, la culture et les cultes (4e rang), 7 % pour le logement et les équipements collectifs (8e rang), la protection de l'environnement absorbe 6 % des investissements publics (10e rang), 4 % des investissements pour la protection sociale (6e rang) et enfin 3 % pour l'ordre et la sécurité publique (19e rang).

Si l'on se compare à nos voisins européens, en France, l'enseignement capte 10 % des investissements (22e rang). C'est 4 points de moins que l'Allemagne et 16 points de moins que l'Islande. La santé capte également 10 % (11e rang) de la part des investissements. Une part qui est de 9 points inférieure à celle de l'Autriche et de 7 par rapport au Danemark. Enfin, bien qu'elle compte la plus grande armée d'Europe, la France ne consacre que 9 % de ses investissements à la Défense (6e rang) – moins que l'Estonie (13 %), l'Italie (11 %) ou l'Allemagne (10 %).

La question militaire illustre d'ailleurs très bien le manque d'ambition de la France vis-à-vis des investissements. Lorsqu'on compare les budgets initialement votés pour la Défense aux dépenses réellement effectuées, on constate que 54 milliards d'euros d'investissements n'ont pas été respectés entre 2009 et 2020. C'est-à-dire que des sommes planifiées, validées et votées n'ont pas été dépensées.

La réalité est que ce phénomène n'arrive jamais aux dépenses de fonctionnement, mais tombe sur des dépenses d'investissement. Pour faire simple, le niveau de dépenses de l'État est tel que lorsqu'il faut rogner quelque part, ce sont les investissements dans le régalien qui trinquent. En 2018, par exemple, un plan de renouvellement des équipements « Protection et sauvegarde » a été programmé, mais seulement 62 % des commandes et/ou livraisons ont été passées (contre un objectif de couvrir 85 % du plan cette année-là). Il manquait notamment douze missiles Aster 15, vingt-cinq missiles MDE et un B2M ; d'autres livraisons ont pris du retard, en particulier, celles de trois hélicoptères Tigre, de trois Rafale, de dix Mirage 2000D rénovés (sur une commande de cinquante aéronefs) et de cinquante chars Leclerc rénovés.

D'un point de vue économique, cette faiblesse française des investissements a des conséquences sur notre croissance. Si l'on se penche sur vingt-trois pays de l'Union européenne sur une période économique relativement calme de 2013 à 2019, on constate que les pays qui cumulent un fort investissement public et une dépense publique modérée connaissent une forte croissance du PIB. Sur la période, l'Irlande est ainsi en première position, à la fois sur la part d'investissements publics et sur le taux de croissance moyen. La Roumanie affiche, respectivement, la 6e et la 2e positions. La République tchèque, la 3e et la 6e places. À l'inverse, en bas de classement, on trouve la Grèce avec, respectivement, la 18e et la 23e places, l'Italie avec la 23e et la 22e, suivie de la Suède avec la 15e et la 21e et, enfin, la France avec la 19e et la 20e places. Les pays cités en haut de classement ont tous affiché sur la période une croissance moyenne supérieure à 5 % tandis que les pays cités en bas de classement ont, tous, affiché une croissance inférieure à 2 %.

Cela devrait être une source d'inspiration pour nos gouvernants, mais ces derniers peuvent aussi s'inspirer... des collectivités territoriales ! En effet, ces dernières doivent respecter des règles de bonne gestion budgétaire bien plus rigoureuses que l'État. Ainsi, elles ont interdiction de s'endetter en dehors de l'investissement. En vertu de cela, elles investissent, en proportion, plus que l'État : 59,8 milliards d'investissements au sein de 289,7 milliards de dépenses, soit 21 % de leurs dépenses. 5,4 fois plus que l'État !

Le scandale du sous-investissement vient du scandale de l'endettement de la France pour fonctionner. La clé, c'est d'appliquer la règle qui s'applique aux collectivités... à l'État.

Chapitre 36

Le scandale des milliards gâchés du nucléaire

Quel gâchis ! La France, avec 56 réacteurs nucléaires et même 58 avant la fermeture de Fessenheim, avait toutes les cartes en main pour survoler les crises énergétiques et pour franchir le cap de la voiture électrique dans les prochaines années. Or, à cause d'un enchaînement de décisions délétères, nous avons passé l'hiver 2022-2023 à rationner les entreprises, les administrations et les ménages en électricité ! Sans compter une hausse des prix hallucinante sur le marché européen de l'électricité à plus de 1 000 euros le mégawattheure contre 85 euros avant la crise. Dans la septième puissance économique mondiale, un tel discours devrait être inimaginable.

Une situation que les gouvernements successifs ont créée en décidant de la fermeture de plus de 14 gigawatts électriques (GWe) de nos capacités pilotables nucléaires et thermiques depuis 2010, soit 10 % de la capacité totale, sans autre mesure de compensation que le déploiement de 3,2 GWe venant des centrales à gaz et de l'énergie renouvelable intermittente (aux coûts de production beaucoup plus élevés que le nucléaire d'ailleurs).

Faire passer ce scandale pour une conséquence de la guerre en Ukraine est simplificateur et mensonger. Ce que nous payons, en réalité, c'est un manque de vision à long terme, des revirements de stratégie constants (pour des raisons politiciennes) et un manque d'investissement dans l'un de nos meilleurs atouts !

L'ancien président d'EDF, Jean-Bernard Lévy, a mille fois raison de dire que le problème réside avant tout dans le fait d'avoir voulu fermer des centrales nucléaires au moment même où il fallait au contraire augmenter leur durée de vie et décider d'en construire de nouvelles.

En cause ? Des analyses erronées de l'Agence de l'environnement et de la maîtrise de l'énergie (Ademe) et de Réseau de transport d'électricité (RTE), qui anticipaient que nous allions consommer moins d'énergie et d'électricité dans le futur. Une conclusion étonnante alors que la transition vers les véhicules propres nous pousse vers l'électrique. La France est passée de gros exportateur à importateur d'électricité quand il fait froid et nuit tôt. C'est à la fois pénalisant pour les consommateurs et pour la balance du commerce extérieur, et c'est catastrophique sur le plan écologique puisque l'électricité importée, produite à l'étranger, l'est surtout à partir de gaz, de charbon et de lignite.

Au niveau des réacteurs nucléaires, la situation a été aggravée par le fait que leur maintenance a été quasi stoppée pendant le premier confinement de 2020. Résultat : à la fin de l'année 2022, la moitié de notre parc nucléaire était à l'arrêt ! Et, alors que l'inquiétude montait dans le grand public, que les ventes de réchauds et de générateurs d'électricité explosaient et que les campagnes pour baisser la température des logements et des bureaux étaient lancées, on assistait en même temps à la fermeture officielle de la centrale de Fessenheim. Rappelons que, le 30 juin 2020, à la signature du décret actant sa fermeture, le gouvernement se félicitait d'une décision historique. Sans vergogne, le gouvernement a tenté ensuite d'expliquer que la fermeture de la centrale alsacienne était une décision de François Hollande.

Et puisque nous ne sommes pas à un paradoxe près, alors qu'on était en train de rouvrir des centrales à charbon en urgence, le Parlement débattait d'une loi pour l'accélération des énergies renouvelables. Le développement massif de l'éolien annoncé par l'exécutif n'est pas une solution. Certes, il faudrait plusieurs années pour la remise en route de réacteurs à Fessenheim, mais les champs d'éoliennes, eux, mettront cinq à sept ans pour sortir de terre. Sur une année, les deux réacteurs de Fessenheim fournissaient autour de 15 millions de mégawattheures. Pour compenser la production de Fessenheim, il faudrait 5 600 éoliennes de plus, c'est plus de la moitié du parc existant, 8 000 éoliennes terrestres, pour fournir une électricité intermittente !

En parallèle, une loi pour accélérer le nucléaire a bien été votée, en janvier 2023, en première lecture au Sénat. Cette loi a été présentée dix-huit mois après le discours d'Emmanuel Macron à Belfort annonçant sa volonté de relancer un programme nucléaire. Entretemps, aucune action concrète n'avait été entreprise. Néanmoins, la loi doit permettre de simplifier la construction de six nouveaux réacteurs, notamment en facilitant la mise à disposition des terrains par l'État. Aujourd'hui, il faut dix à quinze ans pour la mise en marche d'un nouveau réacteur et l'objectif est de réduire ce délai d'environ quatre ans. Ainsi, les travaux pourraient commencer dès 2027 et les nouveaux réacteurs seraient opérationnels en... 2035.

Un investissement urgent et onéreux. La construction de six nouveaux réacteurs doit coûter entre 47 et 57 milliards d'euros. Un prix important mais bien moindre par rapport à ce qu'il faudrait mettre sur la table pour produire 70 % de notre énergie en renouvelables, soit environ 300 milliards d'euros. N'oublions pas qu'il a été établi en janvier 2020 par RTE et l'AIE (Agence internationale de l'énergie) que le déploiement d'un mix électrique à forte proportion de renouvelables intermittents nécessite que quatre conditions impératives soient simultanément remplies, et qu'à l'heure actuelle aucune de ces conditions n'est satisfaite.

Si des investissements de long terme dans le nucléaire, enfin, ont été lancés après des années de tergiversations destructrices, nous pouvons nous poser la question qui fâche : d'ici à 2035, on fait comment ? Allons-nous devoir encore supporter des discours alarmistes, des préparations à des délestages, des coupures électriques inopinées ? Aurons-nous à supporter une restriction des transports, voire une surveillance des compteurs Linky ? Aujourd'hui, rien qu'une journée avec des températures négatives sur tout le territoire est un défi à cause du pic de consommation qu'elle peut engendrer. Il n'est par ailleurs absolument pas normal de demander aux entreprises de réduire leur consommation alors même que notre industrie manufacturière ne représente plus que 9 % du PIB selon la Banque mondiale, comme la Grèce. Finalement, nous n'avons passé l'hiver 2022-2023 que grâce au fait que l'industrie a baissé sa consommation d'énergie de 18 %. Résultat, le déficit commercial des biens de la France monte à 164 milliards d'euros.

La France a dépensé depuis les années 1950 plus de 150 milliards pour le nucléaire et nous sommes en train de casser la production française et la croissance pour n'avoir pas entretenu ce précieux bien commun que sont nos centrales. Le fameux plan de sobriété est en réalité un plan de rationnement qui ne dit pas son nom. Juste à cause de politiques qui, pour des alliances électoralistes, ont oublié que France rime aussi avec nucléaire. Un calcul sans perspectives qui nous envoyait directement dans le mur. Il était plus que temps de se réveiller avant l'impact.

Chapitre 37

Et la qualité des services publics dans tout ça ?

Les députés de la commission des finances à l'Assemblée nationale voulaient, en début d'année 2023, une mission d'information sur les économies à réaliser en réduisant les dépenses publiques et la bureaucratie française. La présidence de cette commission était contre. Et en a modifié l'intitulé afin qu'elle soit désormais une « mission d'information relative à la rationalisation de notre administration comme source d'économies budgétaires ». Un langage abscons autant pour les personnes auditionnées que pour les députés de la République qui montre à quel point l'administration, y compris celle du Parlement, ne veut pas d'évaluation de la qualité ou de l'efficience de nos services publics. Ce n'est pas le cas dans tous les pays.

Au Japon, trois cents trains à grande vitesse « Shinkansen » circulent chaque jour entre Tokyo et Osaka, à 550 kilomètres à l'ouest, dans chacun des deux sens, avec un retard moyen sur l'année de seulement trente secondes. Le ministère des Transports japonais exige une notification des retards de plus de trois minutes, et des rapports précis pour les dépassements d'horaires dits « de grande ampleur » – rarissimes – excédant trente minutes.

Cela fait rêver… Y a-t-il une information en France, dans le pays qui dépense le plus, de nos concitoyens sur la qualité de leurs services publics ? Quasiment aucune… En tout cas à l'instigation de nos administrations.

Entre fin septembre et début novembre 2022, les usagers mystères du magazine *60 millions de consommateurs* ont passé plus de 1 500 appels téléphoniques auprès de quatre grands opérateurs de l'État : l'Assurance maladie, l'Assurance retraite, Pôle emploi et la Caisse nationale d'allocations familiales (CNAF).

L'Assurance maladie est bonne dernière, avec seulement 28 % d'appels décrochés. « La CNAM est quasiment injoignable, et quand l'appel aboutit, la réponse est rarement satisfaisante. » Seuls 22 % des usagers disent avoir obtenu une réponse « acceptable » à leur demande d'information sur les formalités nécessaires pour obtenir ou renouveler leur carte Vitale, et seulement 5 % disent avoir obtenu une réponse conforme à la demande. L'Assurance retraite affiche, elle, un bon « taux de décroché » : 72 %. Mais là encore, la qualité des réponses laisse à désirer : seuls 5 % des enquêteurs ont obtenu une réponse précise quant à leur âge de départ à la retraite. Seul Pôle emploi fait figure de bon élève. Ses agents ont répondu à 84 % des appels et donné une information satisfaisante dans la moitié des cas[1].

Dans le cadre du débat sur les maisons de retraite, il y a eu la décision du gouvernement de mettre en

1. « Sur les 410 appels réalisés, 84 % ont abouti et 70 % ont permis d'obtenir des agents les réponses que nous attendions. Six enquêteurs ont même eu une simulation au téléphone. Le reste des appelants ont été renvoyés au site Internet. » 60 millions de consommateurs, 26 janvier 2023.

ligne sur le site du ministère des indicateurs clés depuis avril 2022. Mais une partie des indicateurs n'ont jamais été publiés comme le taux de rotation du personnel, ou son taux d'absentéisme, qui sont des données pourtant essentielles...

Et, globalement, il faut dire que la France est mal classée sur la satisfaction des citoyens selon les données de l'OCDE ; sur la politique publique de santé, la satisfaction des Français a baissé de 10 points entre 2010 et 2020, passant de 81 % à 71 %... loin, très loin derrière la moyenne européenne qui est de 87 % et qui culmine en Norvège, en Belgique ou aux Pays-Bas à plus de 90 %... Et ce, alors que la France dépense 12,2 % de son PIB en santé – contre 10 % en moyenne dans la plupart des pays d'Europe...

Pour la politique publique d'éducation, le sujet est assez similaire puisque la France est à 71 % de satisfaction alors que la moyenne européenne est de 85 %... Et la France est loin d'être mal placée en dépenses d'éducation par rapport au PIB avec 6,8 % du PIB.

Ce n'est pas mieux pour la justice, puisque la satisfaction en France est de 53 % alors que la moyenne est de 78 % en Europe...

Le baromètre de l'Institut Paul-Delouvrier évalue tous les ans depuis plus de vingt ans par un sondage (Kantar) « les services publics vus par les Français et les usagers ».

Dans la dernière édition, parue fin janvier 2023, plus de huit Français sur dix estiment qu'il est possible d'améliorer la qualité des prestations des services publics sans augmenter les impôts (en conservant le même niveau pour 43 % voire en le baissant pour 40 %). Seuls 15 % déclarent qu'une amélioration des services publics est impossible sans hausse des impôts.

69 % des Français, selon le baromètre, pensent que les services publics ne rendent pas régulièrement des comptes aux citoyens sur leur activité et leur performance. La satisfaction moyenne des usagers poursuit ainsi la baisse enregistrée en 2022. Elle perd 2 points, à 71 % et revient à son niveau de 2018.

En moyenne, moins d'un Français sur deux a une bonne opinion des services publics, avec 46 % en 2022 (– 6 points). Les progrès observés ces trois dernières années sont ainsi annulés et l'on repasse au-dessous du niveau de 2019.

Cela reste très faible par rapport au fait que la dépense publique française tourne autour de 58 % par rapport au PIB.

Le coût de distribution des services publics est trop cher en France avec trop d'argent mis dans l'organisation et pas dans le service. L'enjeu n'est pas d'augmenter les impôts ou de mettre plus d'argent dans le système mais de le simplifier et le réformer.

Chapitre 38

Et si on économisait 273 milliards en s'inspirant de la Banque de France ?

La Banque de France a établi dès 2016 un plan de transformation nommé « Ambitions 2020 ». « Ambitions » au pluriel car le plan reposait sur dix objectifs à atteindre pour l'année 2020, parmi lesquels, notamment, des objectifs de formation, d'effectifs et de recrutement, de confiance et de satisfaction envers l'institution, de modernisation, d'investissements... et aussi d'une baisse de 10 % de ses dépenses nettes d'activité par rapport à 2015.

En 2015, les dépenses de la Banque de France s'élevaient à 1,049 milliard d'euros par an. Or, l'institution publique est parvenue à progressivement réduire ses dépenses chaque année, pour que ces dernières atteignent 912 millions d'euros en 2020, soit une baisse de 137 millions d'euros, excédant donc de 3 points, à hauteur de 13 %, l'objectif de 10 % de réduction en cinq ans. La trajectoire s'amplifie même avec les comptes de l'année 2021 pour laquelle les dépenses d'activité s'élèvent à seulement 857 millions d'euros, soit une baisse de 18 % des dépenses en euros courants depuis 2015.

Si la Banque de France a autant diminué ses dépenses nettes depuis 2015, c'est notamment par une réduction de ses dépenses de fonctionnement et une baisse importante de ses effectifs. Alors qu'elle comptait 12 269 équivalents temps plein en 2015, ce nombre a été porté à 9 290 en 2022, soit une baisse de près de 25 %. Cela a notamment été possible grâce au non-remplacement de nombreux départs à la retraite, sans pour autant empêcher le recrutement de près de 2 000 nouveaux agents depuis 2015.

La baisse des dépenses a également été rendue possible par une régulation de la politique de rémunération et la stabilisation des frais généraux à leur niveau de 2015.

Alors que la Banque de France s'était fixé comme objectif de réaliser environ 1 milliard d'euros d'investissement sur la période 2015-2020, 964 millions ont été investis en cinq ans, dont 362 millions pour « Ambitions 2020 » et la modernisation du réseau. Outre la digitalisation des processus et des postes de travail, la création en 2017 du laboratoire innovant « Le Lab » est à souligner avec un nouveau recours fait à la blockchain, au big data, à l'intelligence artificielle, etc., qui a facilité le renouvellement des pratiques et la transformation des activités.

175 millions d'euros ont été investis au total en 2021, la Banque de France visant désormais 800 millions d'investissements d'ici la fin de l'année 2024, échéance pour laquelle une dizaine de repères à réaliser ont déjà été établis avec le plan « Construire ensemble 2024 ».

Si la Banque de France a réduit ses dépenses et ses effectifs, les services qu'elle rend n'ont pas perdu en qualité, du moins selon le degré de satisfaction des bénéficiaires. En effet, 86 % des usagers s'estimaient satisfaits ou très satisfaits de ses prestations en 2019, et ce nombre a même grimpé à 87 % à la fin de l'année 2021. La Banque de France se fixe désormais l'objectif d'atteindre 90 % de taux de satisfaction d'ici 2024. Par ailleurs, le degré de confiance des agents employés dans l'avenir de la Banque de France est passé de 42 % en 2018 à 60 % en 2020.

En somme, il est tout à fait possible de réduire dépenses et effectifs tout en assurant des services de qualité. La gestion de la Banque de France en est un très bon exemple. Peut-être que l'État pourrait s'en inspirer en se recentrant sur ses missions régaliennes et en assurant une meilleure efficacité des services publics ? Rien qu'avec un objectif de baisse de 5 % des dépenses tout en renforçant le régalien, nous pouvons économiser plus de 57 milliards par an[1].

1. Voir p. 274.

Conclusion

La triste réalité est sous nos yeux.

Nous n'en avons plus pour notre argent.

L'État est détraqué, tout dysfonctionne, plus rien ne marche. Partout, on a dépensé plus, multiplié les acteurs, les agents, les guichets, au point que plus personne ne s'y retrouve aujourd'hui.

Plus les années passent et moins les données publiques sont accessibles, sur les résultats et les coûts des établissements scolaires, sur l'absentéisme, sur la productivité du secteur public. C'est l'opacité qui domine.

Le temps est au piston, au copinage et aux combines coupe-file que ce soit pour obtenir un passeport, une place en crèche, un rendez-vous à l'hôpital, un HLM...

Sous couvert de servir les Français, le système a dérapé et est devenu incontrôlable. Malgré plus d'argent et de ressources (hormis sur le régalien), les services publics se dégradent et deviennent de moins en moins efficaces.

Plus on paye, et moins ça marche. Plus on dépense et plus on nous explique que c'est la pénurie dans nos services publics.

Malgré les efforts pour les maintenir dans l'ignorance des mauvaises performances publiques, les Français ne sont pas dupes et plus de la moitié de nos concitoyens n'ont pas une bonne opinion des services publics hexagonaux.

Où va notre argent ? Nous sommes tous concernés par cette question. Nous payons suffisamment d'impôts pour mériter d'être dûment informés, comme cela existe partout ailleurs. Il est temps de nous souvenir que nous avons le droit constitutionnel de demander des comptes sur le sujet. Et ce depuis 1789.

Nous ne pouvons plus nous contenter de promesses vides et de bonnes volontés affichées.

Nous devons exiger d'être enfin protégés de la folie dépensière et fiscale de l'administration et des responsables publics.

Seuls des garde-fous systématiques permettront à la France de renouer avec la bonne gestion publique transparente, claire et au service des Français.

Voici les vingt mesures, adoptées par nos voisins, que la France devrait mettre en place et qui nous permettaient de savoir où va l'argent public :

1. Inscrire le principe du frein à l'endettement dans la Constitution.

Ça marche en Allemagne où le frein à l'endettement est un dispositif constitutionnel (articles 109 et 115 GG de la Loi fondamentale allemande). En théorie, le dispositif limite l'endettement fédéral pour financer les dépenses courantes à 0,35 % du PIB et pour les États fédérés à 0 %. L'objectif étant de faire en sorte que l'équilibre budgétaire soit la norme, aucune recette courante ne pouvant provenir de l'endettement (hors refinancement de la dette existante et son amortissement progressif).

2. L'interdiction d'indexer la dette sur l'inflation.

Ça marche aux Pays-Bas. Le pays a fait le choix de ne pas détenir de titres indexés sur l'inflation. Cela évite d'alourdir la charge de la dette et de creuser le déficit public quand l'inflation monte. Ça marche aussi au Luxembourg, en République tchèque, et un système équivalent existe en Autriche.

3. La publication mensuelle de la nationalité des détenteurs de la dette publique française.

Ça marche aux États-Unis où le département du Trésor public, sur base mensuelle, publie les transactions intervenues sur les titres publics, qu'il s'agisse d'obligations américaines ou étrangères, ainsi qu'un rapport semestriel et annuel décomposant les transactions intervenues suivant la maturité des titres et leur nationalité ainsi que celle de leurs détenteurs.

4. Pas de déficits possibles sur les comptes sociaux.

Ça marche en Allemagne où l'assurance maladie est tenue de respecter l'équilibre budgétaire dans un cadre d'auto-administration. Les médecins libéraux détiennent l'ensemble de la médecine ambulatoire, sont payés uniquement via leurs associations professionnelles territoriales (tiers payant) et sur base dégressive en cas de dépassement des quotas d'actes attribués.

5. Garantir le système de retraites en mettant en place des mécanismes d'ajustement automatique.

Ça marche en Finlande où le régime s'auto-ajuste en fonction de l'espérance de vie : ainsi, l'âge de la retraite est progressivement repoussé pour atteindre 65 ans pour les personnes nées entre 1962 et 1964 et sera ensuite lié à l'évolution de l'espérance de vie.

Le montant de la pension dépend du salaire sur lequel les cotisations ont été versées, du taux d'accroissement (revalorisation du salaire de référence fixé à 1,5 %) et de la durée d'assurance. Au moment de liquider la pension, le montant total obtenu tout au long de la carrière est diminué par un coefficient d'espérance de vie. Un mécanisme supplémentaire d'équilibrage ajuste les taux de cotisation si nécessaire.

6. Un Parlement, vrai contre-pouvoir, qui contrôle la gestion publique.

Ça marche au Royaume-Uni où le National Audit Office travaille directement avec le Parlement et revendique la publication de 400 rapports dont 58 rapports d'efficience de la dépense publique (Value for money) et 69 auditions à la commission des finances (Committee of Public Accounts). Ça marche aussi au Canada où les ministres sont personnellement responsables devant le Parlement et, même s'ils sont rarement démis de leurs fonctions pour cause d'irresponsabilité, cette possibilité, et surtout, l'embarras et les conséquences politiques qui affligent celui qui est pris en défaut constituent une sanction plus que suffisante.

7. Rendre chaque ministre responsable du budget de son portefeuille.

Ça marche en Suède où chaque ministre est responsable de la conception de son budget suivant la trajectoire globale fixée par le ministre des Finances. Il est responsable de ses propres limites de crédits et des sommes qu'il souhaite mettre en réserve.

8. Engager la responsabilité financière des élus.

Ça marche en Italie où la responsabilité des décideurs publics/ordonnateurs principaux (élus locaux, ministres, etc.) est parmi les plus étendues d'Europe. Sont concernées les fautes, les omissions et les négligences ayant causé un dommage au Trésor, à l'administration concernée de nature financière et extra-financière (droit à l'image). Les sanctions financières se traduisent par le versement de dommages/intérêts correspondant à une partie ou à la totalité de la valeur perdue en fonction des circonstances.

9. Des données sociales transparentes.

Ça marche au Portugal qui a mis en place une plateforme dédiée à l'Open data en Santé, SNS Transparencia, permettant d'offrir au public des données statistiques opérationnelles sur ses missions de santé. Ça marche aussi au Royaume-Uni qui publie des données de Sécurité sociale en Open Data et spécifiquement sur son dispositif d'Universal Crédit via une interface dédiée Stat-Xplore.

10. Des collectivités transparentes qui publient des comptes et bilans sociaux uniformisés.

Ça marche en Italie qui dispose d'une comptabilité analytique harmonisée (dite des coûts standards) pour ses collectivités. Cela permet d'avoir une comparabilité du coût et de la performance des services publics locaux. Les citoyens peuvent le vérifier sur un site dédié, opencivitas.it. De manière générale, cela marche partout dans l'Union européenne où tous les pays disposent d'une démarche d'audit externe des comptes locaux à l'exception de… la France, le Portugal, l'Allemagne et la Suède.

11. Des agences publiques transparentes qui publient des comptes et bilans sociaux uniformisés.

Ça marche au Royaume-Uni où les opérateurs/agences publient systématiquement un rapport annuel intitulé « Consolidated annual report and accounts » présentant l'ensemble des données nécessaires s'agissant de l'entité considérée : données financières, données sociales, actions réalisées et mesurées, etc.

12. Établir un bouclier fiscal et social.

Ça marche au Danemark qui dispose d'un bouclier fiscal interdisant un taux marginal cumulé d'imposition globale au-delà de 59 % réévalué chaque année. Il s'agit en réalité d'un double bouclier fiscal qui comporte un bouclier sur les revenus d'activité (52,07 %), et un autre sur les revenus de placement de 42 %. Cependant, certaines taxes et les cotisations sociales ne sont pas incluses dans ce plafond, ce qui en les intégrant aboutit à un taux marginal maximal de 59 %.

13. Respecter le principe de subsidiarité et limiter les compétences partagées.

Ça marche en Espagne où l'action publique a été rajustée en cherchant le meilleur niveau (subsidiarité) pour chaque politique publique, afin de limiter au maximum les cofinancements et les compétences partagées. En clair, l'État se défait clairement de ses compétences en faveur des échelons locaux.

14. Des syndicats transparents qui publient des comptes et bilans uniformisés.

Ça marche au Royaume-Uni qui affiche, sur le site du gouvernement, la liste des syndicats ainsi que leurs comptes consolidés au niveau national classé par année depuis 2014. Ça marche aussi aux Pays-Bas où les syndicats sont obligés de publier, sur leur propre site, un rapport d'activité qui comporte une annexe financière.

15. Encadrer le droit de grève pour garantir la continuité du service public à 100 % pendant les heures de pointe et les départs en vacances.

Ça marche en Italie où deux lois, en 1990 et en 2000, ont déterminé que les grèves à durée illimitée dans les services publics jugés essentiels sont interdites. En effet à certaines périodes de l'année, toute grève dans les transports est interdite (ainsi entre Noël et le jour de l'an, à Pâques, à la Toussaint et pendant les départs et retour des vacances d'été ainsi qu'en cas d'élections). Mais aussi un service minimum est obligatoire durant les périodes de grève : entre 6 et 9 heures du matin et entre 18 heures et 21 heures le soir.

16. Verser des primes aux agents publics pour leur performance et leur présence.

Ça marche au Danemark où une grande partie des agents de l'État recrutés sous statut de droit privé bénéficient de primes à la performance pouvant atteindre jusqu'à 20 % de leur salaire. Ces compléments de rémunération sont octroyés à titre individuel et/ou collectifs, sans limite de montant, sous la forme d'un pourcentage du salaire de base qui peut prendre la forme d'un complément salarial mensuel ou d'une indemnité ponctuelle.

17. Évaluer la charge administrative et contrôler les normes.

Ça marche en Belgique qui a commencé à évaluer son stock de normes en 1998 avec comme objectif d'en alléger la charge en priorité pour les entreprises et les indépendants. Le pays a mis en place un coordinateur unique chargé de suivre ces questions. Depuis 2003, cette mission englobe aussi les charges pesant sur l'administration et les citoyens. Les coûts pesant sur les entreprises ont baissé de 30 % entre 2000 et 2020.

Ça marche aussi en Allemagne et sur un modèle équivalent mais le pays est allé encore plus loin en suivant les recommandations de baisse de la charge administrative émanant de l'Union européenne via un index de complexité et en instaurant le principe d'une « charge nouvelle, une charge en moins » pour garantir un coût contrôlé des normes pour les entreprises.

18. Faire voter les citoyens régulièrement sur les enjeux publics.

Ça marche en Suisse, pays démocratique par excellence où les citoyens sont appelés à se prononcer sur le plan fédéral généralement quatre fois par année. Ils sont aussi convoqués pour voter sur des initiatives populaires, des référendums facultatifs ou des référendums obligatoires. Les Suisses ont été appelés aux urnes 321 fois depuis 1848.

19. Mettre les citoyens à contribution.

Ça marche en Norvège avec la Sécurité sociale qui fonctionne avec une franchise annuelle pour le patient. Pour les consultations chez le médecin traitant, certains médicaments, les transports et les consultations chez le psychologue, le plafond est de 1 740 couronnes norvégiennes par an pour l'année 2008, soit un peu plus de 200 euros.

20. Autoriser des classements officiels sur la qualité des services publics.

Ça marche en Suisse : le classement des hôpitaux se trouve sur la plateforme quel-hopital.ch. Il s'agit d'une association indépendante d'utilité publique, qui a pour but de promouvoir la transparence des offres de santé en Suisse à l'intention des patients. Les données proviennent de sources officielles, dont l'office fédéral de santé publique. Comme si en France on utilisait les données de Santé publique France pour établir un classement des hôpitaux.

Tous ces principes de bon sens sont applicables en France aussi bien que dans les autres démocraties. Pourquoi n'est-ce pas déjà le cas ? Tout simplement car nos administrations s'érigent en permanence contre le principe de rendre des comptes sur l'utilisation de l'argent public et sur la qualité des services publics.

Nous vivons dans l'illusion de la gratuité, dans l'illusion de la qualité, dans l'illusion de l'équilibre des pouvoirs. Il est temps de le réaliser et de demander des comptes sur l'utilisation de nos impôts, de notre argent public avant que d'autres, FMI et consorts, ne le fassent à notre place.

Annexes

Chapitre 1
45,2 % de taux de prélèvements obligatoires, la France toujours championne

L'évolution du taux de prélèvements obligatoires, calculé par le gouvernement

	Exécution 2021	Révisé 2022	Prévision 2023
Taux de prélèvements obligatoires nets des crédits d'impôt (en % du PIB)	44,3	42,5	44,7

Source : PLF 2023.

Comparaison du taux de prélèvements obligatoires, dans la Zone euro, en 2021

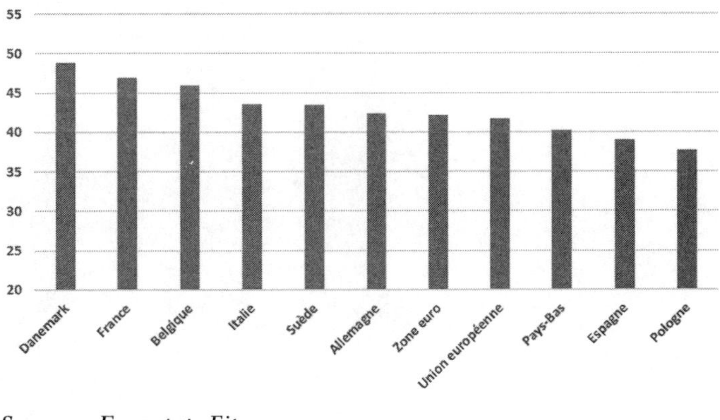

Source : Eurostat, Fipeco.

Chapitre 2
Personne pour nous protéger de la folie fiscale française

Déclaration des droits de l'homme et du citoyen de 1789

Article 13.
Pour l'entretien de la force publique, et pour les dépenses d'administration, une contribution commune est indispensable ; elle doit être également répartie entre les citoyens, en raison de leurs facultés.

Article 14.
Tous les citoyens ont le droit de constater, par eux-mêmes ou par leurs représentants, la nécessité de la contribution publique, de la consentir librement, d'en suivre l'emploi, et d'en déterminer la quotité, l'assiette, le recouvrement et la durée.

Chapitre 3
681 milliards d'impôts en 2021 pour les ménages…

Évolution des prélèvements obligatoires payés par les ménages, de 2016 à 2021

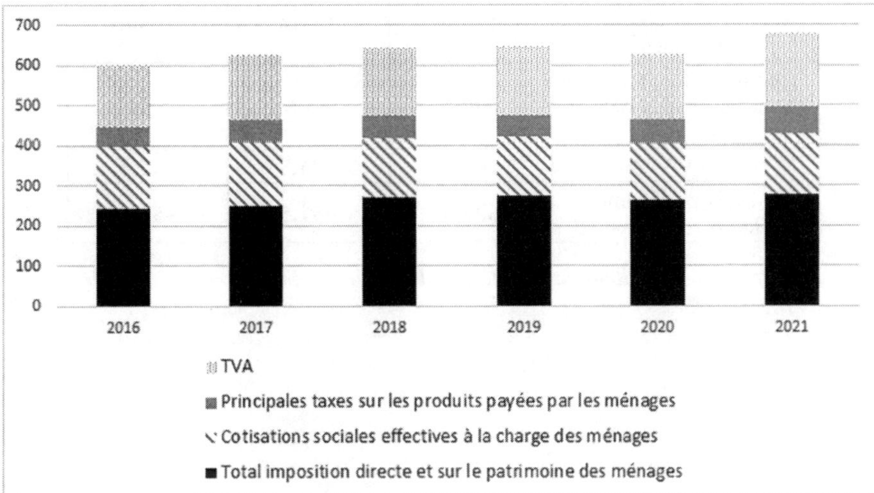

Source : Insee, traitement Fondation IFRAP

Variation des prélèvements obligatoires payés par les ménages de 2017 à 2021

Milliards d'euros	**2017**	**2021**	**Variation 2021-2017**
Total imposition directe et sur le patrimoine des ménages	250,6	279,9	29,3
Cotisations sociales effectives à la charge des ménages	158,8	151,2	–7,6
Principales taxes sur les produits payées par les ménages	56,0	65,6	+9,6
TVA	162,0	184,8	+22,8
Total des prélèvements obligatoires ménages	**627,4**	**681,5**	**+54,1**

Source : Insee, traitement Fondation IFRAP.

Chapitre 4
148 milliards d'impôts en trop pour nos entreprises

Les prélèvements obligatoires sur les entreprises, en point de PIB

France		Zone euro hors France		En points de PIB		En milliards d'euros	
2016	2021	2016	2021	Ecart 2016	Ecart 2021	Ecart 2016	Ecart 2021
14	13	7,8	7,3	6 points	5,9 points	140	148

Les prélèvements obligatoires sur les entreprises en France, de 2016 à 2021, en milliards d'euros

	2017	2018	2019	2020	2021
Impôts sur la production	76	76	86	86	76
Impôts courants sur le revenu, le patrimoine	64	60	64	61	66
Cotisations sociales effectives à la charge des employeurs	194	199	186	178	191
Transferts en capital des APU vers les secteurs concernés correspondant à des impôts et contributions sociales notifiés mais non susceptibles d'être perçus	-3	-3	-2	-5	-4
Total des prélèvements obligatoires sur les entreprises	327	331	333	319	330

Source : Eurostat.

Chapitre 5
Même la cabane au fond du jardin est taxée à mort !

Évolution des recettes des taxes d'aménagement

En M €	2016	2017	2018	2019	2020	2021
Taxe d'aménagement	1285	1492	1717	1784	1691	1931
dont section fonctionnement	493	544	582	567	538	608
dont section d'investissement	792	948	1135	1217	1153	1323

Source : DGCL, les collectivités territoriales en chiffres, 2022 et années antérieures.

Chapitre 6
Plus de 60 milliards de taxes environnementales

Liste des taxes environnementales en millions d'euros

	2021	2022
Énergie/climat	**46 377**	**41 934**
Taxe intérieure de consommation sur les produits énergétiques (TICPE)	30 322	31 328,5
Taxe intérieure de consommation sur le gaz naturel (TICGN)	2 298	2 370
Taxe intérieure de consommation sur la consommation finale d'électricité (TICFE)	7 381	2 573
Taxe communale sur la consommation finale d'électricité (TCCFE)	852	852
Taxe départementale sur la consommation finale d'électricité (TDCFE)	677	0
Contribution tarifaire d'acheminement	1 670	1 643
Autres	3 177	3 167
Transport	**4 870**	**5 862**
Taxe régionale à l'immatriculation	2 163	2334
Taxe annuelle relative aux émissions de polluants atmosphériques (ex TVS)	752,5	732,5
Taxe due par les concessionnaires d'autoroute	566,7	655
Taxe d'aéroport	423	795,1
Autres	965	1 346
Pollutions/ressources naturelles	**12 872**	**13 223**
Taxe générale sur les activités polluantes (TGAP)	824	952

Taxe d'enlèvement des ordures ménagères	7 432	8000
	2021	**2022**
Taxe pour la protection du milieu aquatique	2 216	2 198
Taxe locale sur la publicité extérieure	194	194
Redevance d'archéologie préventive	153	
Autres	2 053	1 879
Total	**64 119**	**61 019**

Source : documents budgétaires 2021 et 2022, traitement Fondation IFRAP.

Chapitre 7
Impôts sur les successions, la France championne

Le montant des droits de mutation à titre gratuit (DMTG)

En millions d'euros.	**2016**	**2017**	**2018**	**2019**	**2020**	**2021**	**2022**
Droit de mutation à titre gratuit entre vifs (donations)	1 799	2 273	2 678	2 998	2 488	3 877	3 357
Droit de mutation à titre gratuit par décès	10 693	10 557	13 492	12 314	12 620	14 807	15 253
Total	**12 492**	**12 830**	**16 170**	**15 312**	**15 108**	**18 684**	**18 610**

Source : Ministère des finances, La situation mensuelle de l'État au 31 décembre 2022.

Chapitre 8
100 milliards de normes, l'impôt papier qui ne dit pas son nom

Évolution, de 2002 à 2021, du droit consolidé en nombre de mots, codifiés et non codifiés

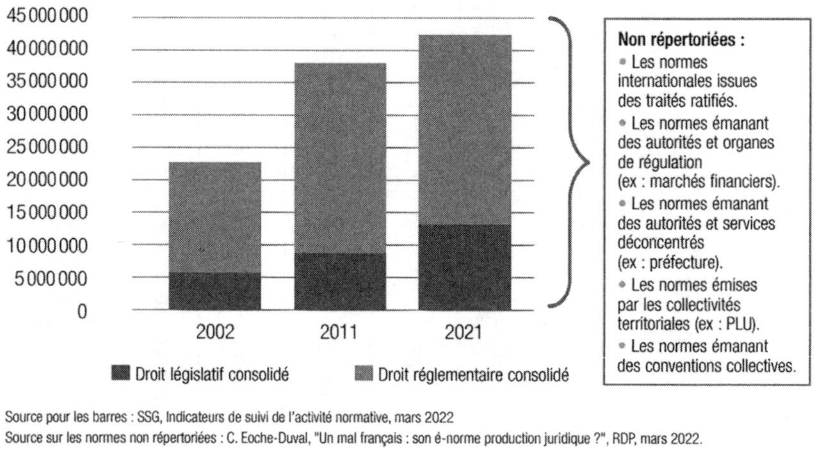

Source : SSG et C. Eoche-Duval, « Un mal français : son énorme production juridique ? », RDP, mars 2022.

Chapitre 9
Le patron paie 100... le salarié touche 47

Part de l'impôt sur le revenu et des cotisations de Sécurité sociale, en % du salaire, en 2020

En %, 2020, pour un célibataire sans enfant ayant un salaire égal à celui d'un salarié moyen.

	Impôt sur le revenu	Cotisations de sécurité sociale		Ce qu'il reste au salarié
		Salarié	Employeur	
*France (*dont CSG-CRDS)*	11,7	15*	26,6	46,7
Belgique	19,2	11,0	21,3	48,5
Allemagne	15,7	16,8	16,6	51,0
Autriche	11,4	14,0	21,9	52,7
France	11,7	8,3	26,6	53,4
Italie	14,8	7,2	24,0	54,0
République tchèque	10,4	8,2	25,3	56,1
Hongrie	12,7	15,7	15,3	56,4
Slovénie	10,0	19,0	13,9	57,1
Suède	13,4	5,3	23,9	57,3
Lettonie	13,5	8,9	19,4	58,2
Moyenne UE	**13,8**	**10,0**	**17,7**	**58,5**
Portugal	13,2	8,9	19,2	58,7
République slovaque	7,8	10,3	23,2	58,8
Finlande	16,9	8,6	15,7	58,8
Grèce	8,0	12,5	19,7	59,9
Turquie	12,0	12,8	14,9	60,3
Espagne	11,4	4,9	23,0	60,7
Luxembourg	14,6	10,8	12,1	62,5
Lituanie	16,0	19,2	1,8	63,1
Estonie	10,4	1,2	25,3	63,1
Pays-Bas	14,5	11,1	10,8	63,6
Norvège	17,0	7,3	11,5	64,2
Danemark	35,3	0,0	0,0	64,7
Pologne	5,4	15,3	14,1	65,2
Moyenne OCDE	**13,1**	**8,3**	**13,3**	**65,3**
Japon	6,8	12,5	13,3	67,3
Irlande	18,8	3,6	10,0	67,7
Islande	26,0	0,3	6,0	67,7
Royaume-Uni	12,6	8,4	9,8	69,2
Canada	14,3	6,8	9,4	69,6
États-Unis	15,5	7,1	7,6	69,9
Australie	22,7	0,0	5,6	71,6
Corée	5,4	8,1	9,7	76,7
Israël	9,6	7,5	5,3	77,6
Suisse	10,1	6,0	6,0	77,9
Mexique	8,4	1,2	10,5	79,8
Nouvelle-Zélande	19,1	0,0	0,0	80,9
Chili	0,0	7,0	0,0	93,0

Sources : OCDE, Perspectives économiques de l'OCDE no 2, volume 2020.

Source : OCDE, traitement IFRAP.

Chapitre 10
L'équité fiscale n'existe pas !

Jours de libération sociale et fiscale, en 2020, pour un salarié moyen (56 461 euros bruts annuel)

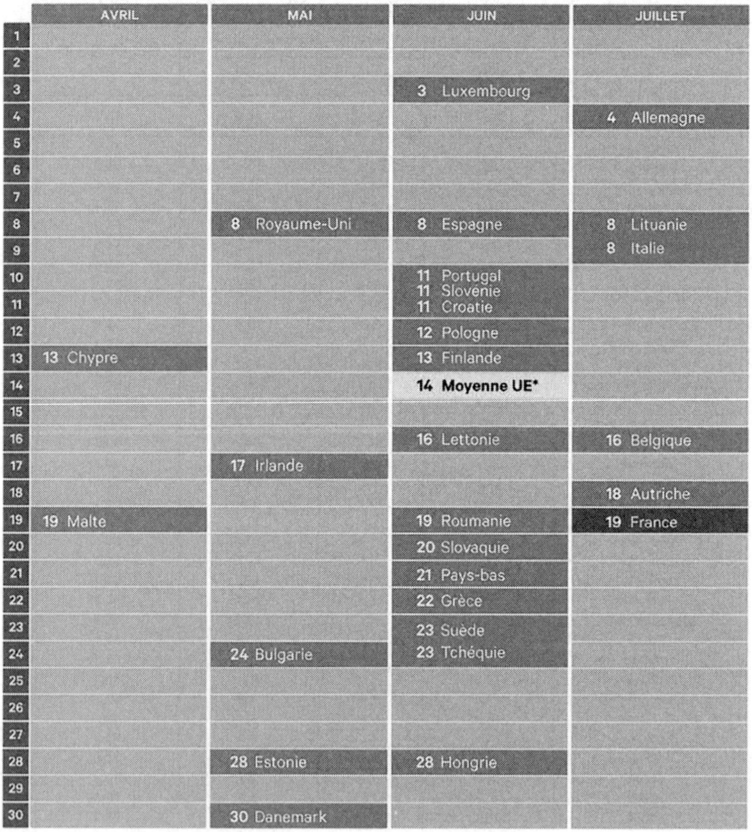

Source : Les Echos, Institut économique Molinari, calculs réalisés avec EY pour des salariés moyens célibataires, sans enfant.

Chapitre 11
15 milliards de taxes sur les taxes

Les montants de TVA sur l'énergie, en 2020

TVA sur l'énergie (en millions d'euros)	Charbon	Pétrole brut	Produits pétroliers raffinés et biocarburants	Gaz naturel	Bois-énergie	Électricité	Chaleur commercialisée	Total
2020	1,7	0,0	6 557,7	1 419,3	114,6	4 488,7	70,2	12 652,3
2019	2,0	0,0	8 814,7	1 620,9	105,0	4 204,8	79,9	14 827,3
2018	2,2	0,0	9 046,8	1 432,9	97,9	4 059,6	84,5	14 723,9
2017	2,0	0,0	7 899,0	1 417,0	101,0	3 978,0	87,0	13 484,0

Source : Les chiffres clés de l'énergie, MDE (décembre 2022).

Chapitre 12
20 milliards de fraude sociale... *a minima*

Estimation de la fraude sociale en 2021

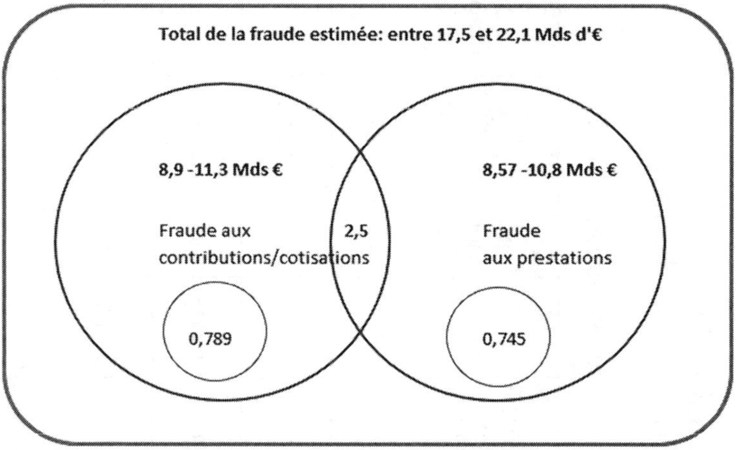

Sources : DGFiP, Sécurité sociale, calculs Fondation IFRAP, mars 2023.

Note : Les 0,789 milliard d'euros et 0,745 milliard d'euros respectivement représentent les recouvrements de cotisations/contributions et de prestations fraudées. Les autres montants relèvent de la fraude estimée par rapport aux dernières extrapolations disponibles effectuées par la branche famille pour 2019. Les 2,5 milliards à l'intersection des deux ensembles représentent la fraude aux prestations générées par la fraude aux cotisations générée par le travail dissimulé, estimé par le dernier rapport du Haut Conseil au financement de la protection sociale (HCFiPS).

Chapitre 13
Fraude fiscale : 30 milliards mais seulement 11 milliards retrouvés

Estimation de la fraude fiscale : 30 et 45 milliards

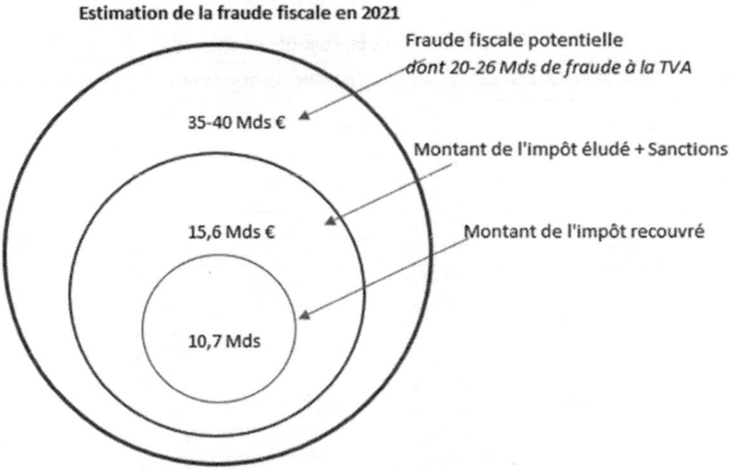

Note de lecture : la dernière estimation de la fraude à la TVA entre 20 et 26 Mds d'€ n'a été estimée en 2022 que sur l'année de référence 2012.

Source : DGFiP rapport public annuel 2021, INSEE TVA non recouvrée à partir des contrôles fiscaux.

Chapitre 14
« Plus que tu paies, moins que t'as droit ! »

Coût moyen par repas et par arrondissement dans la restauration scolaire de la Ville de Paris (collège et lycée, enseignement public)

CG 2018 : DÉPENSES DE FONCTIONNEMENT			
CDE	Nombre de repas (monographies)	DÉPENSES TOTALES EN €	Coût moyen en €
1er	165 382	1 252 319	7,57
2ème	262 772	1 999 812	7,61
3ème	381 255	2 786 021	7,31
4ème	325 567	2 626 998	8,07
5ème	577 919	4 111 491	7,11
6ème	272 412	2 026 425	7,44[30]
7ème	401 340	2 715 620	6,77
8ème	293 593	2 238 747	7,63
9ème	574 321	4 086 454	7,12
10ème	1 142 537	7 815 239	6,84
11ème	1 474 945	10 331 221	7,00
12ème	1 549 924	10 600 888	6,84
13ème	2 033 451	13 315 703	6,55
14ème	1 337 202	9 195 908	6,88
15ème	2 266 954	14 005 423	6,18
16ème	1 071 653	6 944 660	6,48
17ème	1 688 417	11 486 424	6,80
18ème	2 211 926	10 082 918	4,56
19ème	2 368 362	15 401 799	6,50
20ème	2 332 990	15 586 059	6,68
PARIS	**22 732 922**	**148 610 129**	**6,54**

Source : Cour des comptes.

Tarif par repas, selon le quotient familial du foyer de l'élève, dans la restauration scolaire de l'Ile-de-France (lycée, enseignement public)

Catégorie	*A*	*B*	*C*	*D*	*E*	*F*	*G*	*H*	*I*	*J*
Tranche quotient familial	*<183*	*<353*	*<518*	*<689*	*<874*	*<1078*	*<1333*	*<1689*	*<2388*	*>2388*
Tarif par repas (en euros)	*0,50*	*1,74*	*1,94*	*2,15*	*2,35*	*2,56*	*2,76*	*3,07*	*3,58*	*4,09*

Source : Région Ile-de-France.

Chapitre 15
Alerte sur les taxes exceptionnelles

Évolution de la taxe exceptionnelle sur les hauts revenus, de 2012 à 2019

Résultats du simulateur iFRAP CEHR								
Imposition (année n)	**2012**	**2013**	**2014**	**2015**	**2016**	**2017**	**2018**	**2019**
Revenus de l'année n-1	**2011**	**2012**	**2013**	**2014**	**2015**	**2016**	**2017**	**2019**
Nombre d'assujettis	38 600	38 161	32 016	34 006	37 277	38 865	42 609	52 285
Montant M€	**659,1**	**552**	**384,5**	**434**	**548,8**	**610,8**	**714,4**	**1084,5**

Source : RALF 2013-2014, puis Proposition de loi juin 2020. Modèle de simulation Fondation iFRAP 2021.

Chapitre 16
Les taxes foncières qui explosent

Évolution du produit des taxes foncières, + 25 % entre 2016 et 2023

En Md €	**2016**	**2017**	**2018**	**2019**	**2020**	**2021**	**2022 (p)**	**2023 (p)**	**Evol 23-16**	**Evol 23-16 %**
TFPB	31,95	32,74	33,64	34,54	35,28	34,31	36,3	39,8	7,85	24,6 %
TFNB	0,97	0,97	0,99	1,01	1,02	1,03	1,04	1,06	0,09	9,3 %
Total	**32,92**	**33,71**	**34,63**	**35,55**	**36,3**	**35,34**	**37,34**	**40,86**	**7,94**	**24,1 %**

Source : Cour des comptes, Banque Postale, PLF 2023. Calculs Fondation iFRAP décembre 2022.

Chapitre 17
Les riches tricolores, toujours les plus taxés d'Europe

Part des prélèvements sur le capital dans le PIB sur la décennie écoulée

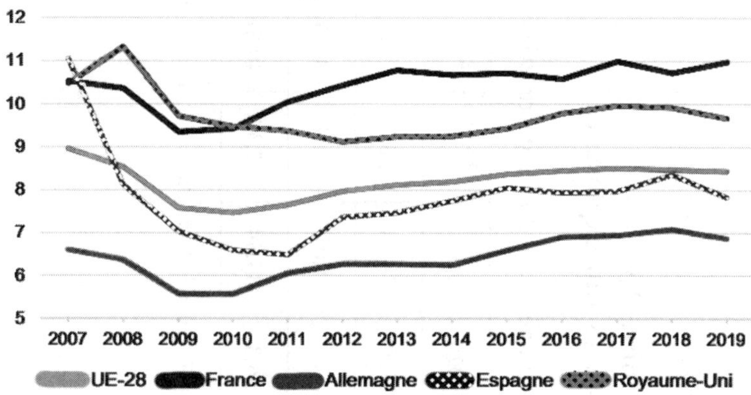

Source : France Stratégie, Comité d'évaluation des réformes de la fiscalité du capital – Troisième rapport, octobre 2021.

Chapitre 18
Les non-résidents fiscaux sont rackettés

Évolution de la fiscalité sur les non-résidents de 2017 à 2020

Cas n° 1 : contribuable non résident (veuf et sans enfant à charge) dont la pension nette imposable s'élève à 50 000 €.

	Revenus 2017	Revenus 2018	Revenus 2019	Revenus 2020
Revenu net imposable (après déduction forfaitaire de 10 %)	**50 000 €**	**50 000 €**	**50 000 €**	**50 000 €**
Etape 1 : Retenue à la source (en N)				
→ RAS à 0 %	- €	- €	- €	
→ RAS à 12 %	3 299 €	3 332 €	3 385 €	
→ RAS à 20 %	1 610 €	1 526 €	1 391 €	
→ RAS au taux par défaut PAS (16 %)				8 000 €
Montant total de la RAS (a)	**4 909 €**	**4 858 €**	**4 776 €**	**8 000 €**
Etape 2 : IR final (en N+1)				
IR résultant de l'application du barème	- €	- €	- €	9 202 €
Application du taux minimum de 20 %	1 610 €	1 526 €	1 391 €	5 504 €
Application du taux minimum de 30 %		- €	- €	6 744 €
Imputation de la RAS pratiquée en N	- 1 610 €	- 1 526 €	- 1 391 €	- 8 000 €
Montant de l'impôt dû en N+1 (b)	**- €**	**- €**	**- €**	**4 248 €**
Montant total (a) + (b)	**4 909 €**	**4 858 €**	**4 776 €**	**12 248 €**
Pourcentage de hausse par rapport à N-1		*-1,0%*	*-1,7%*	*156,5%*
Montant dû par un contribuable résident	**9 293 €**	**9 202 €**	**9 202 €**	**9 202 €**
Différentiel par rapport à un non résident	*4 384 €*	*4 344 €*	*4 426 €*	*- 3 046 €*

Cas n° 2 : contribuable non résident (veuf et sans enfant à charge) dont la pension nette imposable s'élève à 35 000 €.

	Revenus 2017	Revenus 2018	Revenus 2019	Revenus 2020
Revenu net imposable (après déduction forfaitaire de 10 %)	**35 000 €**	**35 000 €**	**35 000 €**	**35 000 €**
Etape 1 : Retenue à la source (en N)				
→ RAS à 0 %	- €	- €	- €	
→ RAS à 12 %	2 465 €	2 447 €	2 419 €	
→ RAS à 20 %	- €	- €	- €	
→ RAS au taux par défaut PAS (10,5 %)				3 675 €
Montant total de la RAS (a)	**2 465 €**	**2 447 €**	**2 419 €**	**3 675 €**
Etape 2 : IR final (en N+1)				
IR résultant de l'application du barème	- €	- €	- €	4 702 €
Application du taux minimum de 20 %	- €	- €	- €	5 504 €
Application du taux minimum de 30 %		- €	- €	2 244 €
Imputation de la RAS pratiquée en N	- €	- €	- €	- 3 675 €
Montant de l'impôt dû en N+1 (b)	**- €**	**- €**	**- €**	**4 073 €**
Montant total (a) + (b)	**2 465 €**	**2 447 €**	**2 419 €**	**7 748 €**
Pourcentage de hausse par rapport à N-1		*-0,7%*	*-1,1%*	*220,3%*
Montant dû par un contribuable résident	**4 793 €**	**4 702 €**	**4 702 €**	**4 702 €**
Différentiel par rapport à un non résident	*2 328 €*	*2 255 €*	*2 283 €*	*- 3 046 €*

Source : Alliance solidaire des Français de l'étranger, ASFE. Note, La refonte de la fiscalité des Français non-résidents : quelles conséquences ? Me Franck Van Hassel, avocat fiscaliste, septembre 2019.

Chapitre 19
Le scandale du carnet de chèques
1,6 milliards par semaine en 2022

Le dérapage des dépenses publiques, par rapport au budget voté initialement, par quinquennat

	Quinquennat de Nicolas Sarkozy							
	2008	2009	2010	2011	2012	Écarts cumulés	Moyenne an	Moyenne/an hors crise
Écart au solde public exécuté en Milliards d'euros (c)=(B-A)	–20,5	–84,4	30,0	15,1	–10,9	–70,6	–14,1	22,6
Dont contribution de l'écart en dépenses (A)	43,1	48,2	25,4	33,4	29,4	179,5	35,9	29,4
Dont contribution de l'écart en recettes (B)	22,6	–36,2	55,5	48,5	18,5	108,8	21,8	52,0

Source : Calculs Fondation iFRAP décembre 2022.

	Quinquennat de François Hollande							
	2013	**2014**	**2015**	**2016**	**2017**	**Écarts cumulés**	**Moyenne an**	**Moyenne/ an hors crise**
Écart au solde public exécuté en Milliards d'euros (c)=(B-A)	–23,8	–7,9	14,0	–9,8	–5,9	–33,4	–6,7	–2,4
Dont contribution de l'écart en dépenses (A)	35,6	29,7	–6,6	6,7	18,5	10,4	16,8	12,1
Dont contribution de l'écart en recettes (B)	11,8	21,8	7,4	–3,0	12,7	50,7	10,1	9,7

Source : Calculs Fondation iFRAP décembre 2022.

	Premier quinquennat de Emmanuel Macron							
	2018	2019	2020	2021	2022	Écarts cumulés	Moyenne an	Moyenne/an hors crise
Écart au solde public exécuté en Milliards d'euros (c)=(B-A)	7,0	–6,9	–151,1	–1,2	–5,2	–157,5	–31,5	–0,4
Dont contribution de l'écart en dépenses (A)	10,4	4,9	69,9	50,1	83,1	218,3	43,7	21,8
Dont contribution de l'écart en recettes (B)	17,3	–2,0	–81,2	48,9	77,9	60,8	12,2	21,4

Source : Calculs Fondation iFRAP décembre 2022.

Chapitre 20
Le scandale dans le scandale : personne ne contrôle nos 1 500 miliards de dépenses

Présentation des objectifs stratégiques, priorités et outils du NAO pour 2020-2025

Objectif : Nous sommes le gardien (watchdog) indépendant des dépenses publiques du Royaume Uni. Nous aidons le Parlement à demander des comptes au gouvernement et nous contribuons à améliorer les services publics grâce à nos audits de qualité.

Nos priorités stratégiques

Améliorer notre soutien pour une responsabilité et un contrôle efficaces

Nous fournissons l'assurance que les ressources publiques sont comptabilisées avec exactitude et utilisées comme prévu. Lorsque ce n'est pas le cas, nous le signalons. Nous améliorerons notre méthodologie et nos logiciels afin d'offrir des audits de meilleure qualité grâce à l'analyse des données. Cela permettra au Parlement d'avoir une vision plus précise des dépenses publiques et aux responsables de la gouvernance des organismes que nous contrôlons d'obtenir l'assurance dont ils ont besoin.

Accroître notre impact sur les résultats et l'optimisation des ressources

Notre travail se concentre sur les questions qui comptent et nous mettrons davantage l'accent sur les domaines dans lesquels nous pouvons influencer l'optimisation des ressources à long terme. Nous ferons un meilleur usage de notre expertise en matière d'analyse et d'audit pour déterminer comment améliorer les services publics. Cela permettra de formuler des recommandations plus perspicaces et plus pratiques qui déboucheront sur de meilleurs résultats.

Fournir un aperçu indépendant plus accessible

Nous serons reconnus comme une source précieuse de connaissances sur la manière dont les ressources publiques sont utilisées et dont la gouvernance et les performances des services publics peuvent être améliorées. Nous ferons la synthèse de ce que nous savons sur les questions importantes et nous faciliterons la compréhension et l'application des leçons tirées de notre travail.

Nos facilitateurs stratégiques

Nous allons attirer, retenir et développer des personnes de qualité

Nos employés sont fiers de faire partie de notre milieu de travail diversifié, inclusif et sain. Nous attirons des personnes talentueuses et les aidons à devenir encore meilleurs dans leur domaine, en améliorant leur carrière et en nous assurant que nous disposons des compétences et des capacités dont nous avons besoin.

Nous utiliserons plus efficacement la technologie, les données et les connaissances

Nous utilisons la technologie et l'analyse des données pour effectuer notre travail d'audit plus efficacement et pour créer et communiquer de nouvelles connaissances qui ne peuvent être obtenues par d'autres moyens.

Nous voulons être une organisation exemplaire

Nous donnons l'exemple en nous conformant aux normes élevées que nous attendons des organismes publics. Nous sommes efficaces, nous offrons un bon rapport qualité-prix et nous nous concentrons sur la durabilité à long terme.

Source : NAO, Revue par les pairs de la Cour des comptes – février 2021.

Chapitre 21
Le scandale des aides sociales qui alimentent l'assistanat

Évolution du nombre de bénéficiaires et des dépenses du RSA sur 10 ans

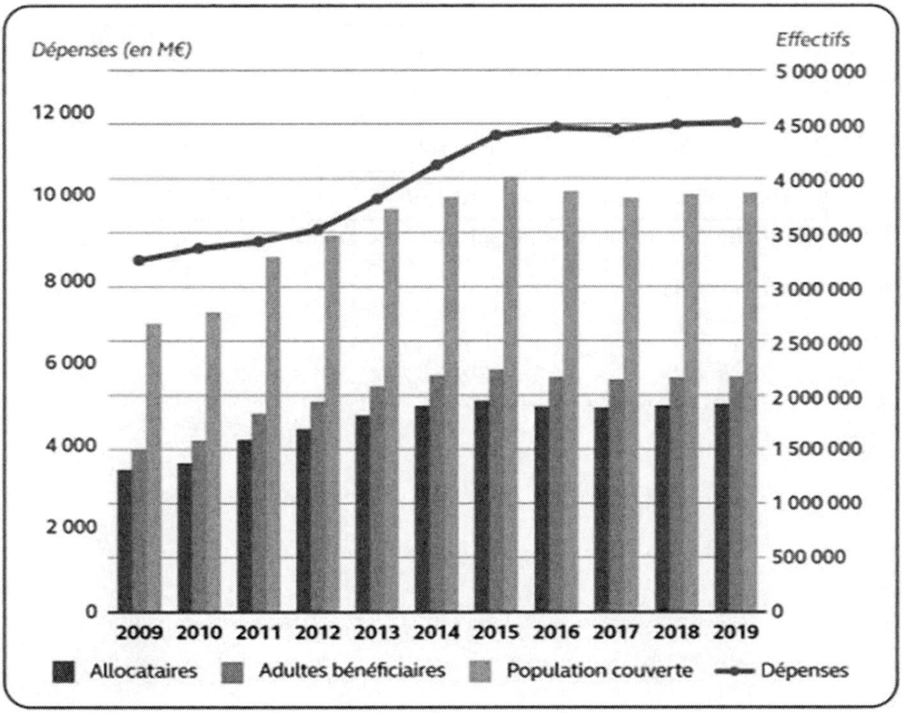

Source : Cour des comptes.

Prestations sociales moyennes par habitant et en euros, en France et en Europe

	Moyenne européenne*	France
Vieillesse	4 550	5 300
Santé	3 800	4 550
Famille	850	850
Emploi	600	900
Pauvreté	250	500
Logement	100	250
Total par habitant	**10 150**	**12 350**

*En parité de pouvoir d'achat sur une base France

Source :DREES

Chapitre 22
Le scandale des retraites des agents publics… financées par nos impôts

Pension moyenne par grands régimes (à titre principal)
Montant mensuel brut moyen, en euro (fin 2020)

Ensemble	Régime général[1,2]	État	Fonct. locaux et hospi.	Régimes spéciaux[3]	Non-salariés agricoles	Professions libérales
1 510	1 380	2 270	1 600	2 500	800	2 340

Source : DREES ; Note : Y compris majoration pour 3 enfants. 1. Y compris indépendants SSI. 2. Pour les retraités polypensionnés, le régime principal représente plus de la moitié de la carrière. 3. Régimes spéciaux : FSPOEIE, SNCF, RATP, CNIEG, Enim, CANSSM, Cavimac, CRPCEN, Banque de France, Altadis, Retrep.

Impact sur les pensions publiques en cas d'alignement sur les règles du régime général (privé) sur les générations 1954, 1958 et 1962

Génération (moyennes en €/an)	1954	1958	1962	Total
Effectifs	1 416	1 448	1 140	**4 004**
% de cadres	59 %	56 %	58 %	**57 %**
TX de croissance revenu (2009 à année de retraite)	1,55 %	1,82 %	2,03 %	**1,78 %**
Taux de prime moyen	20,34 %	19,01 %	20,90 %	**20,02 %**
Pension annuelle (régime de la FP)	**27 271 €**	**27 343 €**	**29 202 €**	**27 847 €**
SAM (sur salaire brut)	28 063 €	28 678 €	31 477 €	**29 257 €**
Retraite CNAV (sur brut)	14 032 €	14 339 €	15 738 €	**14 629 €**
Arrco-Agirc (sur brut)	7 592 €	7 109 €	7 342 €	**7 346 €**
Pension annuelle (régime privé)	**21 624 €**	**21 447 €**	**23 081 €**	**21 975 €**
Différence	**-20,71 %**	**-21,56 %**	**-20,96 %**	**-21,09 %**
% de perdants au passage RG	93,86 %	96,82 %	96,84 %	**95,78 %**
SAM (sur salaire brut + primes)	29 814 €	30 699 €	33 935 €	**31 307 €**
Retraite CNAV (brut + primes)	14 907 €	15 350 €	16 967 €	**15 654 €**
Arrco-Agirc (brut + primes)	10 588 €	9 536 €	10 057 €	**10 056 €**
Pension RG (brut + primes)	**25 494 €**	**24 885 €**	**27 024 €**	**25 710 €**
Différence	**-6,52 %**	**-8,99 %**	**-7,46 %**	**-7,67 %**
% de perdants au passage RG	63,06 %	68,65 %	67,02 %	**66,21 %**

Sources : Drees, EIC 2009 - Traitements : Fondation iFRAP.

Chapitre 23
Le scandale de la charge de la dette qui explose

Présentation de la charge de la dette de l'État

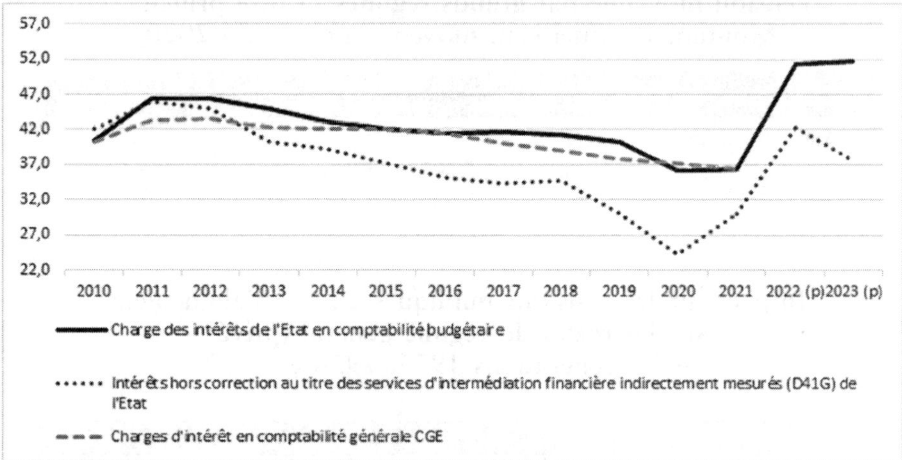

La charge de la dette est donnée en comptabilité budgétaire, en comptabilité nationale et en comptabilité générale (compte général de l'État).

Source : PLF 2023, traitement Fondation IFRAP

Chapitre 24
Le scandale des congés bonifiés des agents publics dont on n'a pas le droit de connaître les coûts

Rémunération majorée de l'agent durant le congé bonifié

Lieu du congé bonifié	Majoration versée (en % du TIB de l'agent)
Guadeloupe	40%
Martinique	40%
Guyane	40%
La Réunion	35%
Mayotte	40%
Saint-Pierre et Miquelon	40%
Wallis et Futuna	105%
Polynésie Française*	84 %
Saint-Barthélemy	40%
Saint-Martin	40%
Nouvelle-Calédonie*	73%

** Les taux retenus dans le tableau ci-dessus pour la Polynésie Française et la Nouvelle-Calédonie sont ceux applicables aux chefs-lieux du territoire (Papeete et Nouméa).*

Source : DGAFP, Guide congés bonifiés, juin 2021.

Chapitre 25
Le scandale de la RATP et de la SNCF et de la gêne occasionnée

Évolution des subventions d'équilibre de l'État par régime

en millions d'euros

	2019	%	2020	%	2021	%	2022 (p)	%	2023 (p)	%
SNCF	3 219	-2,7	3 385	5,2	3 252	-3,9	3 301	1,5	3 360	1,8
FSPOEIE	1 397	-2,6	1 429	2,3	1 449	1,4	1 514	4,4	1 584	4,7
Mines	1 101	-5,7	1 056	-4,1	993	-6,0	961	-3,2	933	-2,9
Marins - ENIM	815	0,2	813	-0,2	799	-1,7	829	3,7	813	-2,0
RATP	680	-4,5	732	7,7	737	0,7	792	7,4	807	1,9
Ex-SEITA	147	-3,0	142	-3,7	136	-4,4	130	-4,1	131	0,4
Assemblée nationale	89	-0,2	89	-0,2	89	0,2	91	2,5	94	2,7
Rentes accidents du travail des ouvriers civils des établissements militaires - RATOCEM	56	-1,3	53	-4,0	53	-0,3	54	1,0	56	5,0
Opéra de Paris	14	0,0	18	25,7	18	4,8	14	-21,4	20	39,2
Régime d'indemnisation des sapeurs-pompiers volontaires - RISP	12	2,3	12	-2,9	12	-1,4	12	0,0	12	-0,6
Comédie française	3	0,0	4	31,7	4	-14,9	4	15,8	4	3,6
Caisse de retraites des régies férroviares d'outre-mer - CRRFOM	1	-15,8	1	-14,5	1	-17,1	1	-12,9	1	-10,6
Assistance publique de Paris	1	-7,1	1	-1,1	0	-22,6	1	27,5	1	0,5
Total des subventions d'équilibre de l'Etat	7 536	-2,9	7 735	2,6	7 545	-2,5	7 704	2,1	7 817	1,5

Source : Direction de la Sécurité sociale.

Montants mensuels bruts moyens de la pension de droit direct en équivalent carrière complète pour les nouveaux retraités de 2017, en euros

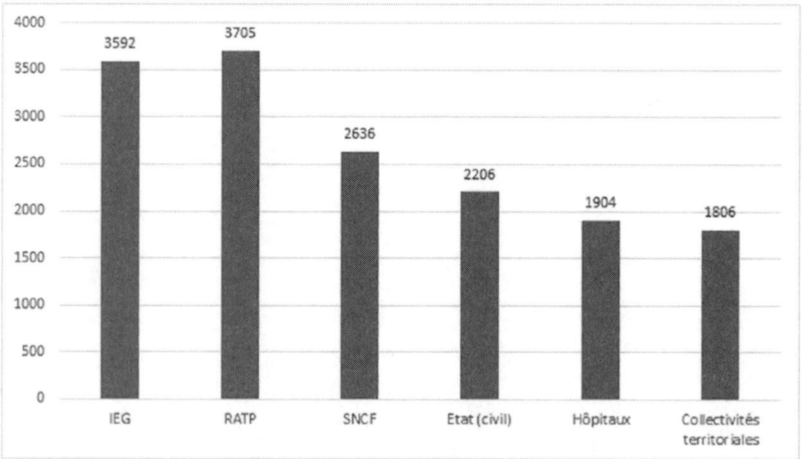

Source : Cour des comptes.

Chapitre 26
Le scandale des 300 milliards de dépenses folles de personnel public

Évolution de la masse salariale publique et par versant

Mds €	**2011**	**2012**	**2013**	**2014**	**2015**	**2016**	**2017**	**2018**	**2019**	**2020**	**2021**	**2022 (p)**	**2023 (p)**
Etat	117,1	118,1	118,6	119,3	119,8	121,3	124,2	126,4	128	129,4	131,1	*154,1*	*158,06*
ODAC	16,1	16,7	17,2	17,5	17,8	17,9	18,4	18,7	18,9	19,2	19		
APUL	70,4	72,6	75	77,7	79,1	79,7	81,5	81,6	83	84,2	86,5	90,4	93,7
ASSO	60	61,1	62,3	64	64,6	65,2	66,8	67,2	67,3	71,4	75,7	83,08	85,29
Total	**263,6**	**268,5**	**273,1**	**278,5**	**281,3**	**284**	**290,9**	**293,9**	**297,3**	**304,2**	**312,4**	**327,6**	**337,1**

Source : RESF 2023. Calculs de la Fondation iFRAP pour 2022 et 2023. (p) : prévisionnel.

Chapitre 27
Le scandale de la fausse suppression de l'ENA qui coûte 21 % plus cher !

Évolution de la subvention pour charges de services publics de l'ENA (en millions d'euros)

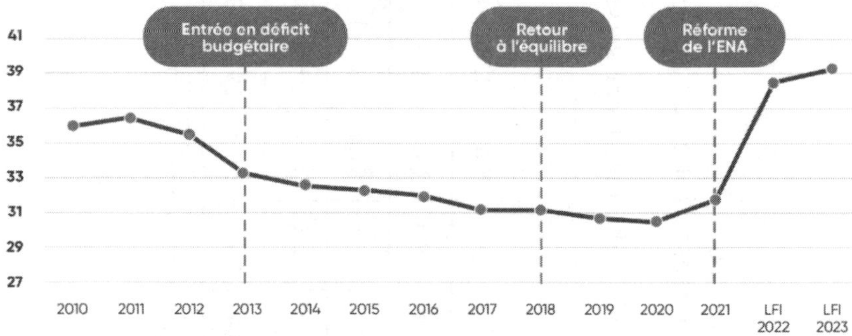

Source : Rapport Sénat, PLF 2022, comptes financiers ENA 2020, Jaune 2022, Jaune 2023

Chapitre 28
Le scandale des files d'attente pour les passeports

Rythme de production de l'Agence nationale des titres sécurisés – ANTS

	2019*	2020*	2021**	2022**
Passeports	350 000/mois	217 000/mois	273 000/mois	330 000/mois
CNI (carte d'identité)	442 000/mois	367 000/mois	396 000/mois	425 000/mois

Sources :
**Pour 2019 et 2020, les chiffres sont extraits de dernier rapport d'activité de l'ANTS 2020 (moyenne sur 12 mois).*
***Pour 2021 et 2022, projections et estimations de la Fondation IFRAP.*

Chapitre 29
Le scandale des délais de la justice

Tableau présentant les budgets, personnels, et délais en matière de justice au sein de différents pays du Conseil de l'Europe

Pays	Délais devant : 1/ La Cour Suprême 2/ Les juridictions de 2e instance 3/ Les juridictions de 1re instance	Budget : 1/ Montant investi 2/ % du PIB 3/ Dépense par habitant	Nombre de juges professionnels (pour 100.000 habitants)	Nombre de personnels non-juges (pour 100.000 habitants)
Médiane des pays du Conseil de l'Europe	172 jours 177 jours 237 jours	Non renseigné 0,30 % du PIB 64,5 € par habitant	17,60	56,13
France	485 jours 607 jours 637 jours	4.889.157.842 € 0,21 % du PIB 72,5 € par habitant	11,16	35,70
Allemagne	Non renseigné 265 jours 237 jours	12.176.638.899 € 0,35 % du PIB 146 € par habitant	25,01	65,07

Source : Conseil de l'Europe.

Chapitre 30
Le scandale de l'attribution des HLM

Statuts d'occupation des logements selon le pays de naissance de la personne de référence

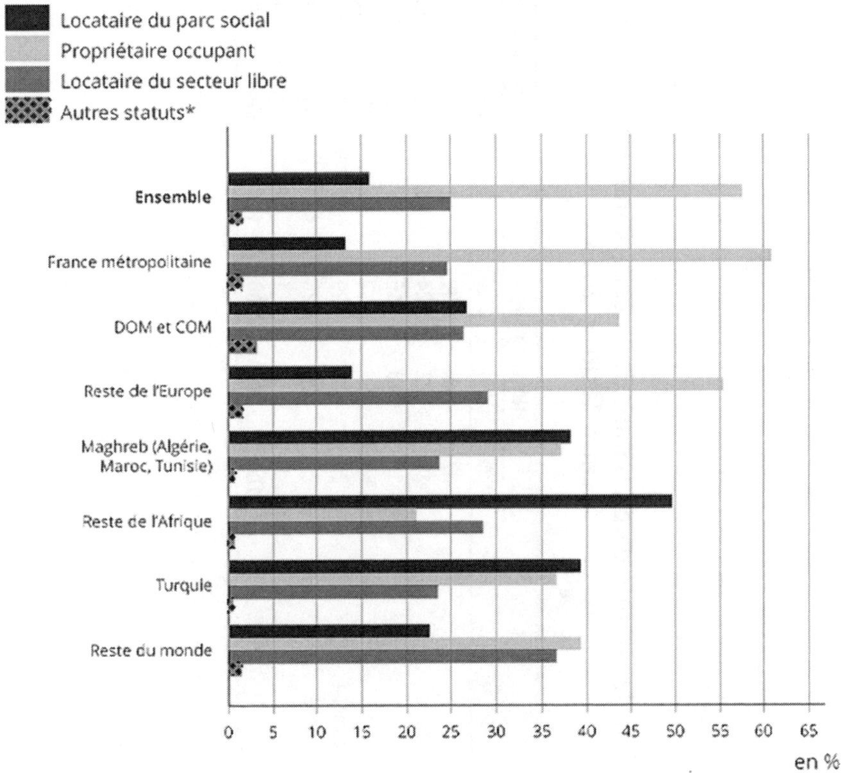

**Autres statuts : regroupe les ménages logés gratuitement et les baux ruraux.*

Source : Fidéli 2016, Insee.

Évolution des statuts d’occupation des ménages immigrés et non immigrés entre 1996 et 2013

	Ménages immigrés				Ménages non immigrés			
	1996	2001	2006	2013	1996	2001	2006	2013
Propriétaire	37	40	39	35	56	58	59	60
Propriétaire non accédant	19	22	24	23	33	36	39	40
Propriétaire accédant	18	18	16	13	23	21	20	21
Locataire	57	55	57	61	38	38	37	37
Locataire du secteur social	28	29	29	34	15	14	14	15
Locataire du secteur libre	29	26	28	27	23	24	23	22
Autres statuts	6	5	3	3	6	4	4	2
Ensemble	**100**	**100**	**100**	**100**	**100**	**100**	**100**	**100**

Source : Insee, Les conditions de logement en France, édition 2017.

Chapitre 31
Le scandale de la pénurie de places en crèches pour les travailleurs

Répartition, en %, des enfants de moins de 3 ans selon leur mode de garde ou d'accueil principal en semaine, en 2021

		Parents	Grands-parents ou autres membres de la famille	Assistante maternelle ou MAM	EAJE	École	Garde à domicile	Autres modes de garde[1]	Ensemble	Part dans la population des enfants de moins de 3 ans
Situation professionnelle des parents	**Activité**									
	Au moins un parent inactif ou au chômage	85	2	5	7	1	0	0	100	49
	Un parent à temps partiel (inférieur à 50 %)[2]	69	1	14	14	1	0	0	100	3
	Un parent à temps partiel (supérieur à 50 %)[3]	34	4	32	26	3	0	1	100	13
	Le ou les deux parent(s) travaille(nt) à temps complet[4]	23	4	38	29	4	2	0	100	35
	Catégorie socio-professionnelle de la mère									
	Agricultrices, artisanes, commerçantes et cheffes d'entreprise, NSP	41	7	24	22	5	1	-	100	4
	Cadres et professions intellectuelles supérieures	25	2	32	35	2	4	1	100	15
	Professions intermédiaires	43	2	29	22	2	0	0	100	25
	Employées	59	4	19	15	2	0	0	100	30
	Ouvrières	64	4	20	8	3		0	100	5
	Personne n'ayant jamais travaillé	88	1	4	5	2	0	0	100	22
	Activité de la mère									
	Active en emploi	37	3	30	25	3	1	0	100	62
	Au chômage	81	0	6	12	1	0	0	100	11
	Inactive	90	2	4	3	1	0	0	100	26

Source : DREES.

Chapitre 32
Le scandale de l'accompagnement fantôme par Pôle emploi

Répartition, fin 2020, des bénéficiaires du RSA soumis aux droits et devoirs inscrits à Pôle emploi en catégorie A, B ou C

En %

	Bénéficiaires du RSA[1] inscrits à Pôle emploi[2]	Bénéficiaires du RSA[1]	Personnes inscrites à Pôle emploi[2]	Part des personnes inscrites à Pôle emploi[2] parmi les bénéficiaires du RSA[1]	Part des bénéficiaires du RSA[1] parmi les personnes inscrites à Pôle emploi[2]
Effectif (en nombre)	**922 000**	**2 273 900**	**6 093 500**	**41**	**15**

1. Il s'agit des bénéficiaires du RSA soumis aux droits et devoirs. 2. En catégorie A, B ou C.

Source : Pôle emploi, statistique mensuelle du marché du travail (STMT), CNAF, MSA, DREES.

Part des retours à l'emploi par l'intermédiaire de Pôle emploi (en % du total)

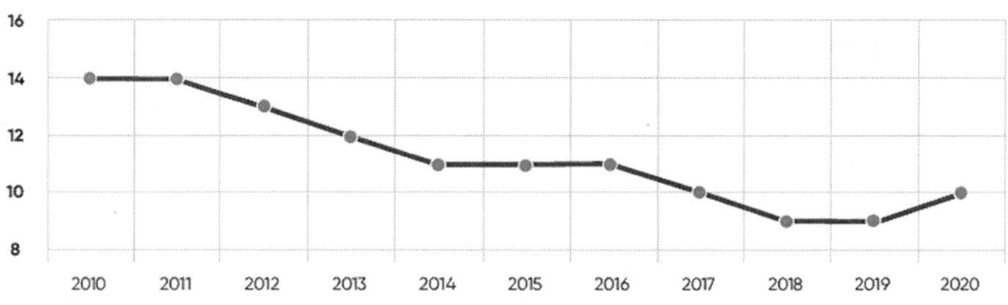

Source : Dares.

Évolution des effectifs de Pôle emploi et du taux de chômage (en indice, base 100 en 2009)

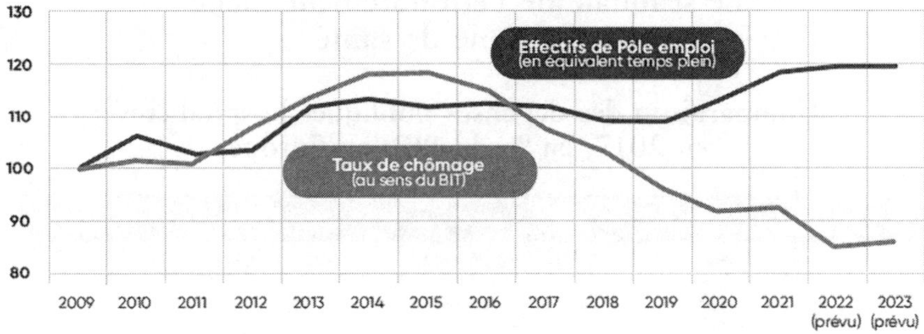

Source : budget de l'État, mission « Travail et emploi », rapports annuels de performance et calculs effectués hors transfert des psychologues de l'Afpa.

Chapitre 33
Le scandale de l'effondrement caché du système de santé

Comparaison des dépenses publiques hospitalières en 2017, en % du PIB, en Europe

Danemark	France	Suisse	Suède	Royaume-Uni	Italie	Espagne	Belgique	Grèce	Pays-Bas	Allemagne
4,48	4,37	4,34	4,15	4,03	3,87	3,77	3,55	3,46	3,41	3,19

Comparaison du taux de personnel employé à l'hôpital en % de l'emploi total, en 2018, en Europe

Danemark	France	Suisse	Suède	Royaume-Uni	Italie	Espagne	Belgique	Grèce	Pays-Bas	Allemagne
4,59 %	5,02 %	5,07 %	n,d	4,96 %	2,81 %	3,10 %	4,24 %	2,69 %	3,48 %	3,44 %

Source : Eurostat.

Tableau comparatif, en Europe, sur une base 100 (définie ici pour la France), de la moyenne horaire annuelle travaillée du corps infirmiers

		Allemagne	Belgique	Danemark	Espagne	France	Italie	Norvège	Suède	Suisse	Royaume-Uni
Moyenne horaire annuelle travaillée – source EIRO 2004		1656,6 h	1 748 h	1 620,6 h	1 747,2 h	1 575 h	1 672 h	1 695 h	1676, 2 h	Nc	1685 h
Infirmière	Privé	97	111	167	93	100	91	167	153	196	113
	Public	104	113	161	124	100	100	161	137	188	110
Infirmière spécialisée bloc opératoire	Privé	110	102	194	101	100	87	194	172	214	104
	Public	110	100	170	119	100	87	170	141	214	104

Critères retenus :
- Rémunération annuelle brute du secteur privé et du secteur public,
- Pour un jeune diplômé (moins d'un an d'ancienneté),
- Hors primes de nuit, dimanche, jours fériés travaillés, etc.

Chapitre 34
Le scandale du délitement de l'Éducation nationale

Comparaison de la dépense par élève entre l'enseignement public et l'enseignement privé, en 2019, tout financeurs confondus

		Nombre d'élèves	Dépenses totales	Dépenses totales par élève	Dépenses totales par élèves dans le privé	Surcoût du public par élève, par rapport au privé	Surcoût du public par an
1er degré	Public	5 764 900	41 210 609 995 €	7 149 €		**2 879 €**	16 596 013 128 €
	Privé sous contrat	888 600	3 742 063 141 €	4 211 €	4 270 €		
	Privé hors contrat	50 300	266 791 306 €	5 304 €			
	Total	6 703 800	45 219 464 441 €	6 745 €			
2nd degré	Public	4 446 500	48 809 319 033 €	10 977 €		**2 883 €**	12 817 105 797 €
	Privé sous contrat	1 178 453	9 539 230 949 €	8 095 €	8 095 €		
	Privé hors contrat	29 547	238 930 209 €	8 086 €			
	Total	5 654 500	58 587 480 191 €	10 361 €			
Totaux		12 358 300	103 806 944 633 €	8 400 €			29 413 118 925 €

Source : Ministère de l'Éducation, Repères et références statistiques, comptes des collectivités territoriales et chiffres clés de l'enseignement catholique.

Chapitre 35
Le scandale du sous-investissement public dans l'avenir

Sous-exécution massive des investissements militaires depuis 2009, en autorisations d'engagement (AE) et en milliards d'euros courants

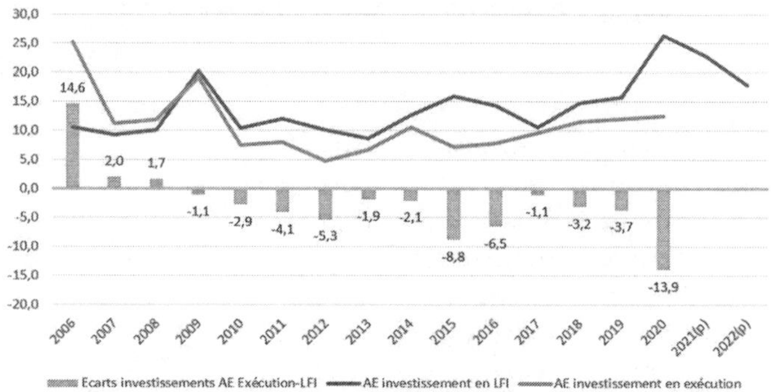

Source : PLF 2022, traitement IFRAP.

Évolution de l'investissement public en Europe, en % du PIB

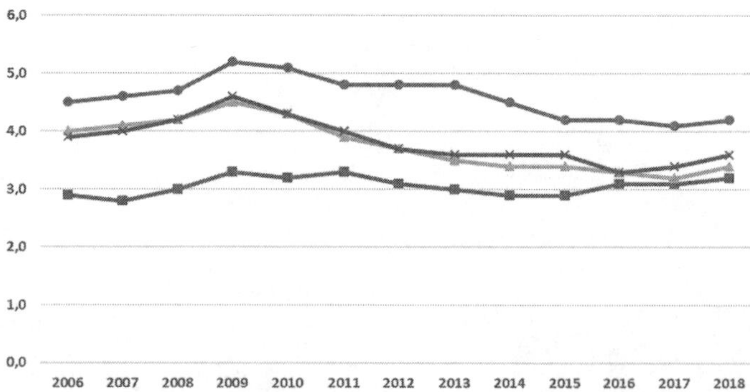

Source : Eurostat ; FIPECO. FBCF + aides à l'investissement.

Chapitre 36
Le scandale des milliards gâchés du nucléaire

Production d'énergie primaire, par énergie

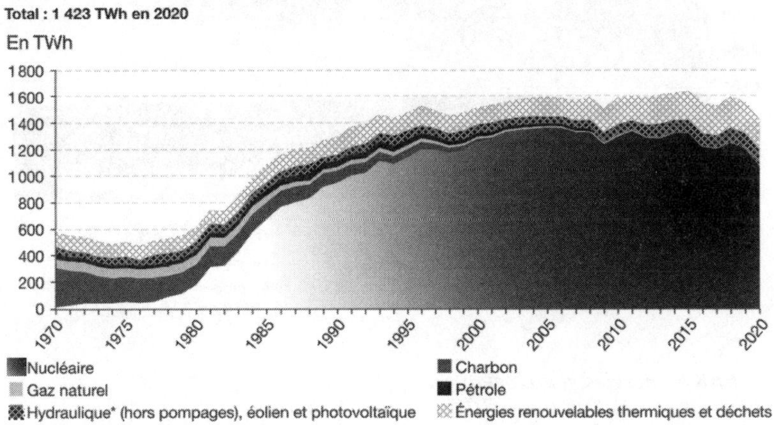

** Y compris énergies marines.*
Champ : jusqu'à l'année 2010 incluse, le périmètre géographique est la France métropolitaine. À partir de 2011, il inclut en outre les cinq DROM.

Consommation d’énergie primaire, par énergie

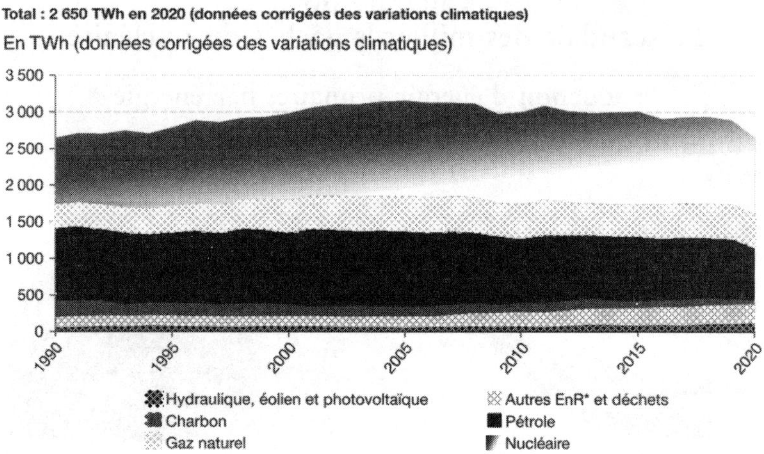

** EnR : énergies renouvelables.*
Champ : jusqu’à l’année 2010 incluse, le périmètre géographique est la France métropolitaine. À partir de 2011, il inclut en outre les cinq DROM.

Source : SDES, Bilan énergétique de la France, édition 2021.

Chapitre 37
Et la qualité des services publics dans tout ça ?

Évolution de l'opinion positive moyenne des Français à l'égard des services publics et de la dépense publique totale, en % du PIB, depuis 2004

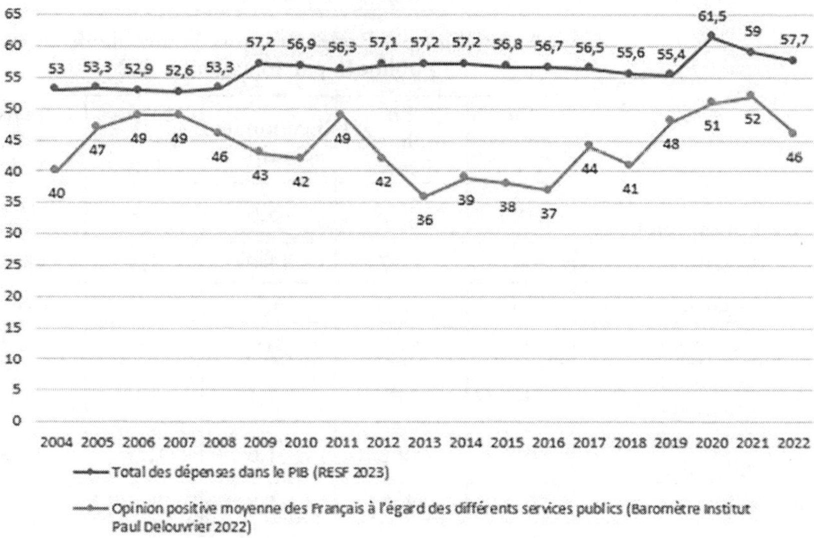

Source : RESF 2023, Institut Paul Delouvrier.

Chapitre 38
Et si on économisait 273 milliards en s'inspirant de la Banque de France ?

Mesures d'économies pouvant être dégagées à horizon 2027-2030

	Écart France – Zone euro hors France de dépenses publiques par fonction en 2021				
	En Points de PIB	En milliards d'euros	Economies identifiées	Dépenses totales PIB	Dépenses totales Mds
Services généraux et administration publique	–0,4	–10,3	–5,0	5,8	145,0
Défense	0,6	15,7	11,0	1,8	43,9
Ordre et sécurité publics	0,0	–0,8	6,7	1,7	42,7
Affaires économiques	0,6	14,8	–10	6,87	171,9
Protection de l'environnement	0,2	5,8	–1,3	1,0	26,0
Logement et équipements collectifs	0,8	19,6	–1,6	1,26	31,4
Loisirs, culture et cultes	0,3	8,4	–1,8	1,4	35,2
Éducation	0,6	16,0	–3,6	5,2	131,1
Protection sociale	**5,6**	**140,9**	**–51,8**	**34,0**	**849,47**
Santé	*1,2*	*29,3*	–11,5	*9,2*	*230,5*
ATMP (accidents du travail maladie prof)	*0,2*	*4,8*	–3,9	*3,1*	*77,1*
Famille	*0,5*	*13,1*	–2,7	*2,2*	*54,5*
Chômage	*0,6*	*14,3*	–9,1	*2,3*	*58,3*
Retraites	*2,7*	*67,5*	–19,6	*15,7*	*392,3*
Exclusion sociale	*0,5*	*11,7*	–5	*1,5*	*36,9*
Total des dépenses publiques	**8,4**	**210,2**	**–57,4**	**59,0**	**1 476,7**

Source : Eursotat, Ameco Database, calculs Fondation iFRAP mars 2023.

Composition et mise en pages
Nord Compo à Villeneuve-d'Ascq

Achevé d'imprimer en juin 2023
sur les presses de Normandie Roto Impression s.a.s.
61250 Lonrai
N° d'impression : 2302196

Imprimé en France

IMPRIM'VERT

PEFC
10-31-2541
Certifié PEFC
Ce produit est issu de forêts gérées durablement et de sources contrôlées
www.pefc-france.org